JN033894

主な登場人物

パパ（青木新一）
葵の父。脱サラして不動産業に参入するも……

ママ（青木まま）
葵の母。宅建士試験にチャレンジ、みごと合格！

青木葵
10歳ですでに宅地建物取引士！
宅建業を営むスーパー少女

青木勇人
葵の兄、高校生。何をやってもパッとせず………

おばあさん
葵の祖母（パパの母）。
子や孫に厳しい。

いずみ
葵のおば（パパの妹）、ヤンママ。離婚するものんきにがんばる。

不動産会社の謎の営業
青木家が家を購入する際の担当営業員。

不動産業指導課職員
不動産業者のお目付役。
口うるさい。

ごあいさつ

■虫がよすぎる本‼

この本は、「マンガ宅建塾」と「過去問宅建塾」、「ズバ予想宅建塾」のいいとこ取りの、虫がよすぎる本です‼　最初にこの本から入ってもいいし、最後にこの本で仕上げてもいいし、どこから読んでもいいし、眠くても読めます‼

自分では気付かない弱点を夢のようにチェックできるし、合否を分ける反射神経を夢のようにアップできるし、コマ切れ時間を夢のように超完璧活用できます‼　あまりにも虫がよすぎます‼

■各種最新情報‼

詳細は、宅建学院のホームページをご覧ください。

https://www.takkengakuin.com/

☞詳しくは弊社ホームページ、巻末広告をど〜ぞ‼

2024年3月

宅建学院

分野ごとの出題数（2009年度〜2023年度）

	1 2 3 4 5 6 7 8 9 10 11 12 13 14 15 16 17 18 19 20
本書第1編　権利関係 （本試験第1〜14問）	14問出題
本書第2編　宅建業法 （本試験第26〜45問）	20問出題
本書第3編　法令上の制限 （本試験第15〜22問）	8問出題
本書第4編　その他の分野 （本試験第23〜25問、第46〜50問）	8問出題 （税法2問、その他6問）
	1 2 3 4 5 6 7 8 9 10 11 12 13 14 15 16 17 18 19 20

i

「〇×宅建塾」の特長と使い方

■大事なところだけ！　キホンだけ！

　「〇×宅建塾」は、宅建学院が総力をあげて抽出した、超基本問題＆最重要問題しか載っていない。つまり、最低でも「〇×宅建塾」に載っている問題の8割以上がらく〜に解けるようになってもらいたい。

■全ての問題と解説にマンガ・イラストがある

　なんといっても目玉はコレ！　解説はもちろん、**問題文にまで**マンガ・イラストがある。問題文が**視覚化**されるから**状況を**イメージしやすく、解説のマンガ・イラストとも連動しているから理解が早い。より早く！　より深く！　でも面白く！　と三拍子そろった**革命的問題集**です。

マンガ・イラストですぐ分かる！

借地人が地代の支払いを怠っている場合、借地上の建物の賃借人は、土地賃貸人の意思に反しても、地代について金銭以外のもので代物弁済することができる。

チェック欄

問題から図解やマンガを駆使

出題の趣旨・内容がよくわかる！

建物賃貸人
借地人

借家人

地代を代物弁済？

地代滞納

土地賃貸人　NO!

問題にも解説にもマンガがあるんだ！

具体的でわかりやすい♪

すべての受験生におすすめ！

■何度でも繰り返す！………………………………………………

では、どうするのか。かんたーんな話だ。何度でも繰り返して解くこと。そのために、コンパクトサイズになっているし、解答は○・×で一目でわかる。解説は練りに練って合格に必要なことだけに絞りこんである。

■2色刷りで、赤シート付き！………………………………………

それに、解答は赤字になっているから、付録の赤シートで隠すことができる。絶対に覚えてほしい重要なところも太い赤字になっている。

■「らくらく宅建塾［基本テキスト］」「マンガ宅建塾」と一緒に勉強できる！…………………………………………………………

「らくらく宅建塾［基本テキスト］」「マンガ宅建塾」のページが載っているので、これらを読みながら問題を解ける。テキストを読む＋問題を解く＋復習をする（繰り返す）＝合格だ！

A3
あく塾
256頁
マンガ
一頁

らくらく宅建塾
［基本テキスト］・
マンガ宅建塾

参照ページ

コンパクトで
わかりやすい
解説

債権者〇〇〇〇約をすれば、お金以外のもので弁済すること（代物弁済という）ができるが、債権者の意思に反して、一方的に**代物弁済**を押し付けることはできない。　　　　　　　　　　　　　　　　　　　►×

マンガで
解説

どういう
ことかが
具体例で
わかる！

借地契約が
解除されたら
たまらん！

かわりに
地代払うよ

これで

時価10万円！

いらないわよ
そんなの！

本書ご利用にあたって──

○本書作成にあたっては、内容を十分に吟味しておりますが、マンガ・イラストの部分において、必ずしも法律的に正確な表現になっていなかったり、また誇張した表現があります。受験に当たっては必ず弊社刊「らくらく宅建塾［基本テキスト］」、その他の参考書等を併用することをお勧めいたします。

目 次

一番ラクで確実な合格方法 !!

　導入から直前演習・サポート教材まで、全方位網羅の2024年版らくらく宅建塾 シリーズで、あなたを合格へ導きます。

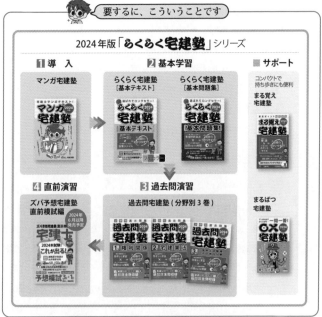

奥 の 手

全国平均合格率の3.2倍※、2年連続で全国最年少合格者を生み出した
通信「**宅建超完璧講座**」を受ける。
宅建学院のホームページまたは通信講座問合せ先→04-2921-2020（宅建学院）
宅建超完璧講座は一般教育訓練給付制度厚生労働大臣指定講座（指定番号1120019-0020012-9）です‼ 詳しくは、巻末広告をご覧ください。

※不動産適正取引推進機構発表の「令和3年度宅地建物取引士資格試験結果の概要」と令和3年度「宅建超完璧講座」受講生のうち、講座修了者に対するアンケート結果より算出。

各種情報は宅建学院のホームページをご覧ください！

| 宅 建 学 院 | 検　索 |

https://www.takkengakuin.com/
類似の学校名にご注意ください。

第1編 権利関係

O or X?

民法

不動産
登記法

借地
借家法

建物区分
所有法

MAMA

1. 制限行為能力者

Q1 令和6年4月1日において18歳の者は成年であるので、その時点で、携帯電話サービスの契約や不動産の賃貸借契約を1人で締結することができる。

お嬢ちゃん
おいくつ？

18歳です！

NEW!

Q2 成年被後見人が成年後見人の事前の同意を得て土地を売却する意思表示を行った場合、成年後見人は、当該意思表示を取り消すことができる。

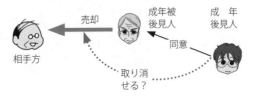

売却

成年被後見人

成年後見人

相手方

同意

取り消せる？

Q3 被保佐人については、不動産を売却する場合だけではなく、日用品を購入する場合も、保佐人の同意が必要である。

買っていい？

NO!

保佐人

A1
らく塾
6頁
マンガ
5頁

未成年者とは、18歳未満の者のことだ（18歳以上の者は成年者）。だから、18歳の者は成年者だ。したがって、携帯電話サービスの契約や不動産の賃貸借契約を1人でできる。　▶︎○

A2
らく塾
9頁
マンガ
9頁

成年被後見人ができることは、日用品の購入等の日常生活に必要な行為だけだ。それ以外の契約は、たとえ成年後見人の同意を得てした場合でも、取り消すことができる。　▶︎○

A3
らく塾
11頁
マンガ
9頁

被保佐人は、一定の重大な契約（大損する恐れのある契約）をするときだけ保佐人の同意を得る必要がある。だから日用品を購入する場合は、保佐人の同意を得なくてOKだ。　▶︎×

2. 意思表示

 Q1

A所有の土地が、AからB、BからCへと売り渡され、移転登記も完了している。Aは、Bに強迫されて土地を売ったので、その売買契約を取り消した場合、そのことを善意無過失のCに対し対抗することができる。

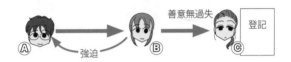

 Q2

A所有の土地につき、Aが、Cの詐欺によってBとの間で売買契約を締結した場合、Cの詐欺をBが知っているか否かにかかわらず、Aは売買契約を取り消すことはできない。

A1
あく塾
21頁
34頁
マンガ
16頁

強迫の被害者は契約を取り消すことができ、この取消しは**善意無過失の第三者に対抗できる。**　▶○

A2
あく塾
22頁
マンガ
17頁

第三者であるCの詐欺により契約をしたAは、原則としてその契約を取り消すことはできないが、例外として、相手方であるBが、AがCの詐欺により契約をしたということを知っていたり（悪意）、知り得た場合（善意有過失）には、Bを保護する必要はないので**取り消すことができる。**　▶×

Q3 AとBは、A所有の土地について、所有権を移転する意思がないのに通謀して売買契約を締結し、Bの名義に移転登記をした。Bがこの土地をCに売却し、所有権移転登記をした場合で、CがA・B間の契約の事情を知らなかったことについて過失があるときは、Aは、Cに対してこの土地の所有権を主張することができる。

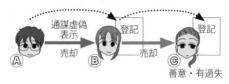

Q4 AがBに甲土地を売却し、Bが所有権移転登記を備えた。Aの売却の意思表示に錯誤があり、その錯誤が法律行為の目的及び取引上の社会通念に照らして重要なものであるときは、Aの錯誤について悪意のCが、Bから甲土地を買い受けたときは、Aに重大な過失がなければ、AはBに対する意思表示を錯誤を理由に取り消し、Cに対して、その取消しを主張して、甲土地の返還を請求することができる。

A3
らく塾
27頁
マンガ
20頁
21頁

A・B間の売買は、虚偽表示だから無効だが、この無効は善意の第三者Cには対抗できない。そして、Cは善意でありさえすればよく、たとえ**過失があっても**（善意有過失でも）、Cが保護され、Aは、Cに対して土地所有権を主張できない。　　　　　　　　　　　▶×

A4
らく塾
25頁
マンガ
18頁
19頁

錯誤による取消しは、**善意無過失の第三者には対抗できない**（悪意・善意有過失の第三者には対抗できる）。本問のCは悪意だ。だから、AはCに土地の返還を請求できる。　　　　　　　　　　　　　　　　　　　　▶○

3. 代 理

(1) 代理の基本と復代理

Bから B 所有の土地売買の代理権を与えられた A が、Cをだまして B C 間の売買契約を締結した場合は、Bが詐欺の事実を過失なく知らなかったときでも、Cは、Bに対して売買契約を取り消すことができる。

買主 A が、Bの代理人Cとの間で B 所有の甲地の売買契約を締結する場合、CがBの代理人であることを A に告げていなくても、Aがその旨を知っていれば、当該売買契約により A は甲地を取得することができる。

A1
らく塾
36頁
マンガ
24頁

代理人Aが行った意思表示の効果は、直接**本人**Bに帰属する。だから、CはBに対して契約を取り消せる。なお、BがAの詐欺の事実について善意無過失かどうかは関係ない（Bは第三者ではないから念のため）。　　　►○

A2
らく塾
39頁
マンガ
25頁

代理人が顕名（「○○さんの代理人で参りました」）を欠いたとしても、相手方が「○○さんの代理で来た」ということを知っていたり（悪意）、知り得た場合（善意有過失）には、本人に契約の効力が帰属する。　　　►○

A が A 所有の土地の売却に関する代理権を B に与えた場合、B が自らを「売主 A の代理人 B」と表示して買主 C との間で締結した売買契約について、B が未成年であったとしても、A は B が未成年であることを理由に取り消すことはできない。

 A が甲土地の売却を代理する権限を甲土地の所有者 B から書面で与えられている場合、A 自らが買主となって売買契約を締結したときは、A は甲土地の所有権を当然に取得する。

 A の代理人 B が復代理人 C を適法に選任したときは、C は A に対して、代理人と同一の権利を有し、義務を負うため、B の代理権は消滅する。

A3
ぅく塾
40頁
マンガ
26頁
27頁

未成年者等の制限行為能力者でも、代理人になることができる（ガキの使いでもＯＫ！）。そして、この場合、本人は代理人が締結した契約を取り消すことができない。　▶○

A4
ぅく塾
41頁
マンガ
27頁

代理人自身が買主になること（自己契約という）は、本人の利益を害する危険性が高いから、原則禁止（無権代理となる）。だから、Ａは甲土地を当然に取得するわけではない。　▶×

A5
ぅく塾
45頁
マンガ
一頁

復代理人を選任しても、代理人は代理権を失わない（スペアキーを作ってもマスターキーでも金庫は開く）。▶×

(2) 無権代理

Q6 Bが、Aの代理人として、Aから土地売買の委任状を受領した後、破産手続開始の決定を受けたのに、Cに当該委任状を示して売買契約を締結した場合、Cは、Bが破産手続開始の決定を受けたことを知っていたときでも、Aに対して土地の引渡しを求めることができる。

あれ？
ねえさん破産
してたよね……

本人Ⓐ　破産した代理人Ⓑ　相手方Ⓒ

Q7 AがBの代理人としてB所有の甲土地についてCと売買契約を締結した。Aが無権代理人であってCとの間で売買契約を締結した後に、Bの死亡によりAが単独でBを相続した場合、Cは甲土地の所有権を当然に取得する。

本人Ⓑ　①売買契約　買主Ⓒ
②死亡✕　③相続　わしの
もの？
無権代理人Ⓐ

A6
らく塾
52頁
マンガ
31頁

下の表の②「アフター」のパターンだ。この場合、相手方が善意無過失なら、表見代理が成立する（契約が有効に成立する）。しかし、本問のCは悪意だ。だから、表見代理は成立せず、Cは土地の引き渡しを求めることはできない。　►×

【表見代理の種類】

	こう出題される	答え
① 「オーバー」 ➡ 代理人Bが**代理権限外**（＝オーバー）の契約をした場合	Aが自分の土地をCに賃貸する代理権をBに与えたところ、Bがその土地をCに売却してしまったらどうなる？ ［抵当権設定の代理権を与えたら売却してしまった、でも同じこと。］	相手方Cが善意無過失なら、AC間に売買契約が有効に成立する。
② 「アフター」 ➡ 代理人Bが**代理権消滅後**（＝アフター）に契約をした場合	Aが土地売却の代理権をBに与えた後でBが破産して（後見開始の審判を受けて、でも同じこと）代理権を失った。その後でBがAの代理人として土地をCに売却してしまったらどうなる？	
③ 「ネバー」 ➡ 本人Aが、本当はBに代理権を与えていない（＝ネバー）のに「私はBに**代理権を与えました**」と表示し、BがAの代理人として契約をした場合	Aが将来にそなえて土地売却の委任状をBに渡したが、まだ代理権を与えてはいなかった。ところがBが委任状を悪用して土地をCに売却してしまったらどうなる？	

A7
らく塾
50頁
マンガ
一頁

本人Bが死亡して無権代理人Aが単独でBを相続した場合、無権代理行為は、当然に有効となる。だから、Cは甲土地の所有権を当然に取得する。　►○

Aの所有する不動産について、Bが無断でAの委任状を作成して、Aの代理人と称して善意無過失の第三者Cに売却し、所有権移転登記を終えた。この場合、CはAC間の契約を、Aが追認するまでは、取り消すことができる。

 AはBの代理人として、B所有の甲土地をCに売り渡す契約をCと締結した。しかし、Aは甲土地を売り渡す代理権は有していなかった。Bが本件売買契約を追認しない場合、Aは、Cの選択に従い、Cに対して契約履行又は損害賠償の責任を負う。ただし、Cが契約の時において、Aに甲土地を売り渡す具体的な代理権はないことを知っていた場合は責任を負わない。

 Bから抵当権設定の代理権を与えられ、土地の登記識別情報、実印、印鑑証明書の交付を受けていたAが、Bの代理人としてB所有の土地をCに売却する契約を締結した場合、CがBC間の売買契約についてAに代理権ありと過失なく信じたとき、CはBに対して土地の引渡しを求めることができる。

A8
らく塾
48頁
マンガ
30頁

無権代理行為の相手方は、善意なら取り消せる。だから、CはAが追認するまではこの契約を取り消せる。 ►○

A9
らく塾
49頁
マンガ
30頁

相手方Cは、善意無過失なら無権代理人であるAに、①契約の履行、または、②損害賠償を請求できる（なお、Aが悪意ならCは善意有過失でも請求できる）。Cは、具体的な代理権がないことを知っていた（＝悪意であった）ので、履行の請求も損害賠償請求もできない。 ►○

A10
らく塾
52頁
マンガ
31頁

抵当権設定の代理権しか与えられていないのに、勝手に売買契約を締結してしまうようなAに代理権を与えたBに落ち度がある。一方、Cは善意無過失なのだから保護に値する。 ►○

4. 時 効

Q1 Aの所有する甲土地をBが時効取得した場合、Bが甲土地の所有権を取得するのは、取得時効の完成時である。

いずみ邸

苦節20年！
今日からこの土地
あたしのもの！

かーちゃん
すげぇ♪

Q2 通行地役権は、継続的に行使され、かつ、外形上認識することができるものに限り、時効によって取得することができる。

おじさん
おっはよ！

また
そんな
ところ
から

Q3 Aが善意無過失でBの所有地の占有を開始し、所有の意思をもって、平穏かつ公然に7年間占有を続けた後、BがCにその土地を売却し、所有権移転登記を完了しても、Aは、その後3年間占有を続ければ、その土地の所有権を時効取得し、Cに対抗することができる。

あたしの
土地

Ⓐ

善意無過失
所有の意思
平穏・公然

本当はBの土地

7年
占有

所有者Ⓑ

↓ 売却

3年
占有

買 主Ⓒ

A1
らく塾 57頁
マンガ 33頁

甲土地は、起算日（Bが甲土地を占有し始めた日）にさかのぼってBのものになる。完成時からではないので、本問は×だ。　►×

A2
らく塾 57頁
マンガ ―頁

時効取得できる権利は所有権だけではない。地役権も要件を満たせば、時効によって、取得することができる。　►○

今日で20年
通い続け

通行地役権の
時効完成！

しかた
ないなあ

A3
らく塾 60頁
マンガ 51頁

時効の進行中に、BからCへと土地が売却されてもAが時効取得できることには変わりはない。　►○

占有期間は通算される

Q4 Aが、B所有の土地を占有し取得時効期間を経過した場合で、時効の完成後に、Bがその土地をCに譲渡して登記を移転したとき、Aは、登記なしにCに対して当該時効による土地の取得を主張できる。

Q5 債務の不履行に基づく人の生命又は身体の侵害による損害賠償請求権は、権利を行使することができる時から20年間行使しないときは、時効によって消滅する。

Q6 Aが甲土地を所有している。Aが甲土地を使用しないで20年以上放置していたとしても、Aの有する甲土地の所有権が消滅時効にかかることはない。

A4

ふく塾
60頁
マンガ
一頁

BがCにこの土地を譲渡したのがAの取得時効完成の前か後かがポイント。①譲渡が時効完成前なら登記とは無関係にAが勝ち、②譲渡が時効完成後ならACのうち先に登記を得た方が勝つ。問題文は②のパターンだ。　►×

A5
ふく塾
63頁
マンガ
36頁
37頁

債権は、原則として、行使できる時から10年間行使しないときは、時効によって消滅する。ただし、例外として、人の生命・身体の侵害による損害賠償請求権の消滅時効期間は、行使できる時から「20年間」となっている。　►○

A6
ふく塾
63頁
マンガ
一頁

所有権は時効によって消滅しない。だから、Aが甲土地を使用しないで20年以上放置していたとしても、甲土地の所有権が消滅時効にかかることはない。　►○

AがBに対して金銭の支払を求めて訴えを提起した。訴えの提起後に当該訴えの却下の判決が確定した場合には、時効の更新の効力は生じない。

A7
らく塾
67頁
マンガ
37頁

裁判上の請求をしても（訴えを提起しても）、①訴えを取り下げた場合、②却下された場合（門前払いされた場合）、③棄却された場合（敗訴した場合）は、時効は更新しない。　　　　　　　　　　　　　　　　　▶○

裁判は勝たなきゃダメ

金払え！
払え！
払え！

さ～
時効まで
あと何日
かな～

5. 相 続

Q1

Aが、遺言を残さないまま死亡した。Aには先妻との間に子C及びDがいる。A死亡の時点でBがAの子Eを懐妊していた場合、Eは相続人とみなされ、法定相続分は、Bが2分の1、C・D・Eは各6分の1ずつとなる。

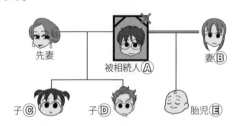

先妻　被相続人Ⓐ　妻Ⓑ

子Ⓒ　子Ⓓ　胎児Ⓔ

Q2

Aは未婚で子供がなく、父親Bと同居している。Aの母親Cは令和6年1月末日に死亡している。AにはBとCの実子である兄Dがいて、DはEと婚姻して実子Fがいたが、Dは令和6年3月末日に死亡している。Bが令和6年5月末日に死亡した場合の法定相続分は、Aが2分の1、Eが4分の1、Fが4分の1である。

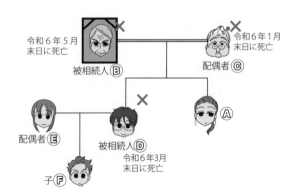

令和6年5月末日に死亡　被相続人Ⓑ

令和6年1月末日に死亡　配偶者Ⓒ

配偶者Ⓔ　被相続人Ⓓ 令和6年3月末日に死亡　Ⓐ

子Ⓕ

A1
らく塾
70頁
マンガ
38頁
39頁

相続開始時に胎児であっても、**相続財産をもらうことができる**。また、相続分は、子と配偶者が2分の1ずつ相続することになるが、子は3人いるのだから、2分の1を3人で分けるのでそれぞれ6分の1ずつ相続することになる。　　　　　　　　　　　　　　　　　　　▶○

A2
らく塾
71頁
マンガ
40頁
41頁

Bの相続人は、Aと、既に死亡しているDの代わりに相続人となるF（代襲相続人）だけだ。Eは相続人にならないので、本問は×だ。ちなみに、相続分はAが1/2、Fが1/2だ。

▶×

Aが、5,000万円相当の土地と、5,500万円の負債を残して死亡した。Aには、妹B、母C、配偶者D及びDとの間の子E・F・G並びにEの子Hがいる。E・F及びGが相続放棄をしたときは、Cは、相続開始のときから3カ月以内に単純若しくは限定の承認又は放棄をしなければならない。

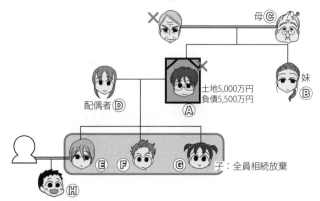

 相続人が、被相続人の妻Aと子Bのみである場合（被相続人の遺言はないものとする。）、Aが単純承認をすると、Bは、限定承認をすることができない。

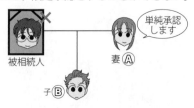

A3
ゑ＜塾
73頁
マンガ
一頁

子は、相続放棄しているので、母Cと配偶者Dが相続人となる。そしてC（Dも）は、自己のために相続の開始があったことを「知った**時**」から3カ月以内に、単純もしくは限定承認または放棄をしなければならない。 ►×

あの子
3カ月も前に
亡くなってい
たのかよぉ

知らな
かったよ

借金まで
残しおって

A4
ゑ＜塾
73頁
マンガ
一頁

限定承認は、相続人全員**共同**でなければできない。だから、Aが単純承認したらそれっきり。 ►○

もう
単純承認
しちゃった
わよ

え～？
負債の方が
多いじゃ
ん！

Q5 Aには、妻B、子C・Dがあり、A及びBは、CにA所有の資産全部を相続させAの事業も承継させたいと考えているが、Cは賛成し、Dは反対している。この場合、Aの死亡後、遺産分割協議をし、改めて相続人の多数決で、遺産の全部をCに承継させるしかない。

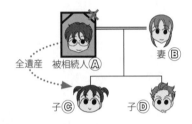

Q6 Aが公正証書で土地をBに遺贈すると遺言した場合でも、後に自筆証書でこれをCに遺贈すると遺言したときは、Bは、Aが死亡しても、当該土地の所有権を取得しない。

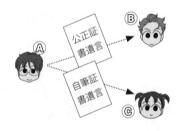

A5
あく塾
76頁
マンガ
一頁

遺産分割協議には、相続人全員の**同意**が必要だ。　　►×

A6
あく塾
79頁
マンガ
一頁

遺言は、いつでも自由に撤回することができる。一度遺言をしても、その後で気が変わることがあるからだ。そして、前の遺言と矛盾する遺言がある場合には、**後の遺言で前の遺言が撤回されたものとみなされ**、後の遺言だけが有効になる。たとえ、前の遺言が公正証書で、後の遺言が自筆証書だったとしても、後の遺言の勝ちなのだ。　　►○

1　権　利
2　業　法
3　法令上
4　その他

自筆証書によって遺言をする場合、遺言者は、その全文、日付及び氏名を自書して押印しなければならないが、これに添付する相続財産の目録については、遺言者が毎葉に署名押印すれば、自書でないものも認められる。

財産目録も

まだあるの…?

パソコン使っちゃダメなのか?

がんばって♡

自筆証書遺言

 Aには、妻B、子C・Dがある。Aが遺産の全部をCに遺贈した場合、DはCに対して、遺留分の侵害額に相当する金銭の支払いを請求することができる。

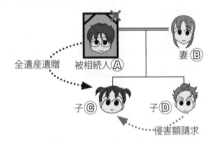

全遺産遺贈　被相続人Ⓐ　妻Ⓑ

子Ⓒ　子Ⓓ

侵害額請求

 Aには将来相続人となる兄Bがいる。Aがすべての財産を第三者Cに遺贈する旨の遺言を残して死亡した場合、BはCに対して、遺留分侵害額に相当する金銭の支払いを請求することができない。

兄Ⓑ　Ⓐ　全遺産遺贈　第三者Ⓒ

侵害額請求

A7
らく塾
79頁
マンガ
一頁

自筆証書遺言は、遺言者が、その全文・日付・氏名を自書して押印しなければならない。ただし、相続財産目録については、遺言者が毎葉（すべての頁）に署名押印すれば、自書でないものも認められる。　►○

A8
らく塾
82頁
マンガ
41頁

遺言でも侵害することのできない遺族の遺産の取り分が遺留分だ。　►○

A9
らく塾
82頁
マンガ
41頁

兄弟姉妹には遺留分はない。だから、兄BはCに対して、遺留分侵害額に相当する金銭の支払いを請求できない。　►○

6. 危険負担

AがBに対し、A所有の建物を売り渡し、所有権移転登記を行ったが、まだ建物の引渡しはしていない場合で、代金の支払いと引換えに建物を引き渡す旨の約定がある。代金の支払い及び建物の引渡し前に、その建物が落雷によって全壊したときは、Bは、代金の支払いを拒むことができる。

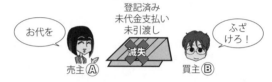

A1
あく塾
90頁
マンガ
44頁
45頁

この建物の売買契約は、ＡＢ間の意思表示だけで成立し、建物の所有権もＡＢ間の意思表示だけで移転する。つまり、既にＢの所有物になっている。しかし、代金を支払わなければならないとすると、Ｂがあまりにも気の毒だ。だから、Ｂは、代金の支払いを拒むことができることになっている。　　　　　　　　　　　　　　　　　　▶○

Aは、自己所有の甲地をBに売却し引き渡したが、Bはまだ所有権移転登記を行っていない。この場合、Cが、甲地に抵当権を設定して登記を得た場合であっても、その後Bが所有権移転登記を得てしまえば、以後、CはBに対して甲地に抵当権を設定したことを主張することができない。

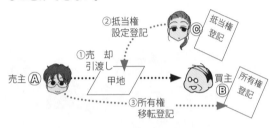

 A所有の土地について、AがBに、BがCに売り渡し、AからBへ、BからCへそれぞれ所有権移転登記がなされた。Cが移転登記を受ける際に、AB間の売買契約に解除原因が生じていることを知っていた場合で、当該登記の後にAによりAB間の売買契約が解除されたとき、Cは、Aに対して土地の所有権の取得を対抗できない。

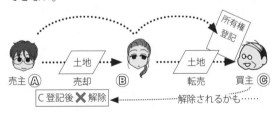

A1
ゐく塾
92頁
マンガ
48頁

Bの所有権移転登記よりも、Cの抵当権設定登記の方が先にされているから、Cの勝ちだ。抵当権対所有権の場合も、**先に**登記した方が勝ちなのだ。　▶×

A2
ゐく塾
92頁
マンガ
49頁

契約が解除された場合に、第三者（転得者）Cが所有権の取得を対抗できるかどうかは、登記だけで決着を付けることになっている。Cは、登記さえ得れば勝てるのであり、解除原因が生じていることを知っていたかどうかは関係ない。　▶×

Q3 Aは、Aが所有している甲土地をBに売却した。甲土地を何らの権原なく不法占有しているCがいる場合、BがCに対して甲土地の所有権を主張して明渡請求をするには、甲土地の所有権移転登記を備えなければならない。

Q4 不動産売買契約に基づく所有権移転登記がなされた後に、売主が当該契約に係る意思表示を詐欺によるものとして適法に取り消した場合、売主は、その旨の登記をしなければ、当該取消後に当該不動産を買主から取得して所有権移転登記を経た第三者（いわゆる背信的悪意者を含まないものとする。）に所有権を対抗できない。

A3
らく塾
95頁
マンガ
52頁

不動産の物権変動（例－土地所有権の取得）は、原則として、登記がないと第三者に対抗できない。しかし、例外として、「極悪」な第三者である不法占拠者に対しては、登記がなくても対抗できる。だから、Bは、登記がなくても不法占拠者Cに対して、「俺の土地だ。明け渡せ！」と主張することができる。　　　　　　　　　　　►×

A4
らく塾
93頁
マンガ
50頁
51頁

この場合、買主から売主と第三者に**二重譲渡**されたものとみなして、**先に**登記を得た方が所有権を主張することができることになっている。　　　　　　　　　►○

Aの所有する土地をBが購入した後、Bが移転登記を する前に、AがCに仮装譲渡し、登記をC名義に移転 した。この場合、BはCに対して土地の所有権を主張 できない。

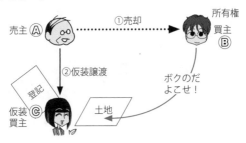

 Aは、自己所有の甲地をBに売却し引き渡したが、B はまだ所有権移転登記を行っていない。この場合、C が、Bを欺き著しく高く売りつける目的で、Bが所有 権移転登記を行っていないことに乗じて、Aから甲地 を買い受け所有権移転登記を得た場合、CはBに対し て甲地の所有権を主張することができない。

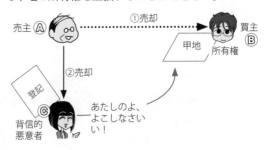

A5
ゐく塾
95頁
マンガ
52頁
53頁

ＡＣ間の譲渡は仮装譲渡（虚偽表示のこと）だから、無効だ。だから、Ｃは無権利者だ。したがって、Ｂは登記がなくてもＣに対して土地の所有権を主張できる ▶×

まったく
油断もスキ
もない！

A6
ゐく塾
96頁
マンガ
53頁

こんな極悪な人物を保護する必要はない。ちなみにＣのような人物を背信的**悪意者**という。背信的悪意者Ｃは登記があっても、Ｂに対して所有権を主張できない。

▶○

よこしな
さい！

ぼくの
だ！

背信的悪意者

AとBが土地を共同相続した場合で、遺産分割前にAがその土地を自己の単独所有であるとしてA単独名義で登記し、Cに譲渡して登記を移転したとき、Bは、登記なしにCに対して自己の相続分を主張できる。

共同相続
遺産分割前

土地

相続分返して

所有権登記

A7
らく塾
95頁
96頁
マンガ
47頁
52頁

Bの相続分については、Aは無権利だ。だから、Aから譲渡を受けたCもBの相続分については無権利だ（登記には公信力がないから、CはBの相続分を取得できない）。だから、Bは登記なしにCに対して自己の相続分を主張できる。　►○

1 権利
2 業法
3 法令上
4 その他

8. 債権譲渡

Q1 Aは、Bに対して貸付金債権を有しており、Aはこの貸付金債権をCに対して譲渡した。当該貸付金債権に譲渡禁止特約が付いている場合で、Cが譲渡禁止特約の存在を過失なく知らないとき、BはCに対して履行を拒むことができない。

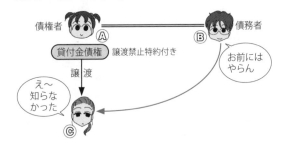

Q2 売買代金債権（以下この問において「債権」という。）が譲渡された場合、その意思表示の時に債権が現に発生していないときは、譲受人は、その後に発生した債権を取得できない。

A1
らく塾
98頁
マンガ
54頁
55頁

譲渡を禁止・制限する特約（譲渡制限の特約）があっても、有効に譲渡できる。ただし、譲受人がこの特約について悪意・重過失なら、債務者は履行を拒むことができる。本問の譲受人Cは善意無過失なので（悪意でも重過失でもないので）、債務者Bは履行を拒むことができない。　►○

知らなかったんだからしょうがないじゃん

おまえにだけは払いたくなかった

ダメでしょ

A2
らく塾
98頁
マンガ
一頁

将来発生する債権（現在は発生していない債権）であっても、譲渡できる。そして、譲受人は、発生した債権を当然に取得する（たとえば、将来発生する債権をAが譲り受けたとする。そして、1カ月後にその債権が発生した場合、Aは発生した債権を当然に取得する）。　►×

兄き葵のお年玉こっちに♪

約束したんだろ…

Aが、AのBに対する金銭債権をCに譲渡した。Aが当該債権をDに対しても譲渡し、Cへは確定日付のない証書、Dへは確定日付のある証書によってBに通知した場合で、いずれの通知もBによる弁済前に到達したとき、Bへの通知の到達の先後にかかわらず、DがCに優先して権利を行使することができる。

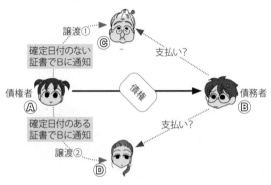

譲渡①
©
支払い?
確定日付のない
証書でBに通知
債権者
Ⓐ
債権
債務者
Ⓑ
確定日付のある
証書でBに通知
譲渡②
Ⓓ
支払い?

A3
あく塾
98頁
マンガ
55頁

確定日付のある証書（内容証明郵便などのことだ）と確定日付のない証書がケンカをした場合、確定日付のある証書の方が勝つ。到達の前後は関係ない。だから、Dが Cに優先して権利を行使することができる。 ►○

1 権利

2 業法

3 法令上

4 その他

9. 不動産登記法

Q1 建物の表示に関する登記において、建物の種類は、建物の主な用途により、居宅、店舗、事務所等に区分して定められる。

Q2 建物が取壊しにより滅失した場合、表題部所有者又は所有権の登記名義人は、当該建物が滅失した時から1カ月以内に、建物の滅失の登記の申請をしなければならない。

Q3 登記することができる権利には、抵当権、賃借権及び配偶者居住権が含まれる。

A1
らく塾
102頁
マンガ
58頁

建物の種類は、建物の**主な**用途によって、居宅、店舗、事務所、工場、倉庫等に区分して定められる。　►○

A2
らく塾
103頁
106頁
マンガ
58頁

建物を新築したときと建物が滅失したときには、所有者は1カ月以内に表示**登記**を申請する**義務**がある。　►○

A3
らく塾
104頁
マンガ
59頁

所有権だけでなく、抵当権、賃借権、配偶者居住権等も登記することができる。　►○

これらも登記できる

Q4 表題部に所有者として記録されている者の相続人は、所有権の保存の登記を申請することができる。

表題部所有者

おやじ～

保存登記も
しないうちに
死んじまって

どーすん
だよ！

 Q5 登記事項証明書の交付の請求は、利害関係を有することを明らかにすることなく、することができる。

ンまっ　どのような
ご関係？

何だってい
いじゃない

さっさと
交付して
くださら
ない！

申請書

 Q6 登記の申請をする者の委任による代理人の権限は、本人の死亡によって消滅する。

代理を依頼されてた
愛人用のマンション
の登記申請
どうしよう

A4
ぶ く 塾
107頁
マンガ
60頁
61頁

表題部所有者が死んだときは、その相続人が、「この不動産は俺のモノだ！」と宣言する所有権保存登記をすることができる。　　　　　　　　　　　　　　　　►○

このたび私が表題部所有者を相続しました

この家屋敷は私のものです！

保存登記

A5
ぶ く 塾
109頁
マンガ
62頁
63頁

登記記録をプリントアウトした登記事項証明書の交付請求は、利害関係がなくても、誰でもできる。　　　►○

わかればいいのよ！

何だかくやしい…

登記事項証明書

ホーホホホ

A6
ぶ く 塾
114頁
マンガ
一頁

原則として、委任による代理権は、本人が死亡すると消滅する。しかし、例外として、委任による登記申請の代理権は、本人が死亡しても消滅しない。たとえば、AがBに登記申請の代理権を与えた後に、Aが死亡しても、登記申請の代理権は消滅しないから、Bは登記を申請できる。　　　　►×

登記するのはかまわんが……

わし、誰から報酬もらえるんだ？

①不動産登記 窓口

登記申請

Q7 仮登記義務者の承諾を得てする所有権移転請求権の仮登記の申請は、仮登記権利者及び仮登記義務者が共同してすることを要する。

仮登記をするよ

いいね

うむ わかった

仮登記権利者

仮登記義務者

 Q8 相続又は法人の合併による権利の移転の登記は、登記権利者が単独で申請することができる。

おやじ ありがとう

さっそく 相続登記に 行ってくる ね

A7
ろく塾
112頁
マンガ
一頁

損をする立場の仮登記義務者が納得して承諾をした以上、仮登記権利者による単独申請が許される。　►×

仮登記義務者がいいって言ったんだから

構わないでしょ

まあそうだね

申請受付

A8
ろく塾
113頁
マンガ
一頁

登記の申請は、原則として、登記権利者と登記義務者が共同してやらなければならないが、例外として、相続または**法人の合併**による権利移転登記は、単独申請OKだ。　►○

相続の登記に来ました

登記義務者も連れてきました

いや、それいらないから……

申請受付

10. 共有と区分所有法

（1）共 有

A・B・Cが、持分を6・2・2の割合とする建物の共有をしている場合、この建物をDが不法占有しているときには、B・Cは単独でDに明渡しを求めることはできないが、Aなら明渡しを求めることができる。

A、B及びCが、持分を各1/3とする甲土地を共有している。この場合、A、B及びCが甲土地について、Dと賃貸借契約を締結しているとき、AとBが合意すれば、Cの合意はなくとも、賃貸借契約を解除することができる。

A・B・Cが別荘を持分均一で共有し、特約がない場合、別荘の改築は、A・B・C全員の合意で行うことを要し、Aが単独で行うことはできない。

A1
ふく塾
121頁
マンガ
66頁
67頁

不法占有者に明渡しを求めるのは**保存行為**だから、各自単独で OK。　►×

あなた♡　お兄ちゃん♡　こんな時ばっかり　なんやアー？

A2
ふく塾
121頁
マンガ
66頁
67頁

このような管理**行為**を行うには、**持分の過半数の賛成**が必要だ。　►○

ご兄弟でしょ♡　ご夫婦でしょ♡　や…やあ　なんやアー？

1/3　1/3　1/3

A3
ふく塾
121頁
マンガ
66頁
67頁

別荘の改築は、**変更行為**に当たる。だから、**共有者全員の同意が必要**だ。　►○

お願いいたします

別荘

Q4 各共有者は、いつでも共有物の分割を請求することができるが、5年を超えない期間内であれば、分割をしない旨の契約をすることができる。

(2) 区分所有法

Q5 共用部分に関する各共有者の持分は、その有する専有部分の床面積の割合によることとされており、規約で別段の定めをすることはできない。

Q6 敷地利用権が数人で有する所有権その他の権利である場合には、規約で別段の定めがあるときを除いて、区分所有者は、その有する専有部分とその専有部分に係る敷地利用権とを分離して処分することができない。

A4
らく塾
123頁
マンガ
一頁

共有者は、共有物の分割を禁じる特約（**不分割特約**）をしておくことができる。そして、不分割特約の有効期間は5年が限度だ。　　　　　　　　　　　　　▶○

A5
らく塾
126頁
マンガ
69頁

例外として、規約で**別段の定め**をすることもできる。▶×

A6
らく塾
127頁
マンガ
71頁

敷地利用権は、規約に**別段の定め**があるときを除き、分離処分をすることが**できない**。　　　　　　　　　▶○

Q7 区分所有者の承諾を得て専有部分を占有する者は、会議の目的たる事項につき利害関係を有する場合には、集会に出席して意見を述べ、自己の議決権を行使することができる。

Q8 形状又は効用の著しい変更を伴う共用部分の変更については、区分所有者及び議決権の各4分の3以上の多数による集会の決議で決するものであるが、規約でこの区分所有者の定数を過半数まで減ずることができる。

Q9 最初に建物の専有部分の全部を所有する者は、公正証書により、建物の共用部分を定める規約を設定することができる。

A7
らく塾
130頁
マンガ
一頁

占有者（賃借人等）は区分所有者ではないが、集会決議や規約に拘束されるから、集会に出席して意見を述べることができる。しかし、議決権はなく決議には参加できない。　　　　　　　　　　　　　　　　　►×

A8
らく塾
131頁
マンガ
73頁

形状または効用の著しい変更を伴う共用部分の変更（つまり、重大変更）は、原則として、①区分所有者（頭数）と②議決権の両方について3/4以上の賛成が必要だ。ただし、例外として、①区分所有者（頭数）については、規約で過半数まで減らすことができる。　　　►○

A9
らく塾
132頁
マンガ
一頁

最初に建物の専有部分の全部を所有する者（分譲業者のことだ）は、公正証書によって、建物の共用部分を定める規約を設定することができる。

►○

Q10 建物の区分所有等に関する法律第58条の使用禁止を請求する訴訟は、区分所有者及び議決権の各3/4以上の多数による集会の決議によらなければ、提起できない。

専有部分の使用禁止

出てって！

訴状

Q11 区分所有者から専有部分を賃借しているAが、区分所有者の共同の利益に反する行為を行った場合において、区分所有者の共同生活上の障害が著しく、他の方法によってはその障害を除去することが困難であるときは、管理組合法人は、集会の決議をもって、その賃貸借契約を解除することができる。

専有部分の賃借人
なら引渡しを請求

パパに返して！

解除

Q12 区分所有者は、建物並びにその敷地及び付属施設の管理を行うための団体である管理組合を構成することができるが、管理組合の構成員となるか否かは各区分所有者の意思にゆだねられる。

管理組合か……
忙しいし
めんどくさい

そうよ
ねー

組合

A10
ろく塾
133頁
マンガ
72頁
73頁

使用禁止を求める裁判は、3/4以上の賛成による集会の決議がなければ提起できない。 ▶○

集会 (テーマ)
不良住人の
使用禁止

決を採ります！
反対の人

ハイ

A11
ろく塾
134頁
マンガ
72頁
73頁

賃貸借契約を解除するには、①3/4以上の賛成による集会の決議に基づき、②裁判を起こすことが必要だ。

▶×

か……
解除します

訴状

A12
ろく塾
135頁
マンガ
一頁

区分所有者全員が初めから否応なく自動的に管理組合の構成員にさせられている。 ▶×

もう組合員になってるんだって

よかったじゃない

悩まないですんで

組合

組合

建物の区分所有等に関する法律第62条の老朽による建替えは、集会において区分所有者及び議決権の各4/5以上の多数による決議で行うことができることとされており、規約で別段の定めをすることはできない。

建替え決議の定数は、規約をもってしても**変更できない**。　►○

11. 抵当権

Q1 Aは、Bに対する貸付金債権の担保のために、当該貸付金債権額にほぼ見合う評価額を有するB所有の更地である甲土地に抵当権を設定し、その旨の登記をした。その後、Bはこの土地上に乙建物を築造し、自己所有とした。この場合、Aは、Bに対し、乙建物の築造行為は、甲土地に対するAの抵当権を侵害する行為であるとして、乙建物の収去を求めることができる。

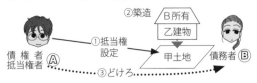

Q2 抵当権の効力は、被担保債権が債務不履行になったときを除き、天然果実には及ばない。

Q3 抵当権は、不動産だけでなく、地上権及び永小作権にも設定することができる。

A1
ぐく塾
142頁
マンガ
75頁

抵当権を設定しても、所有者は**目的物を自由に使える**のが原則だ。土地に抵当権を設定しても、自由に建物を建てることができる。抵当権の侵害とは、目的物を壊す等して経済的価値を低下させる行為をいう。　►×

A2
ぐく塾
144頁
マンガ
76頁

抵当権の効力は、原則として**天然果実**（果物等）、**法定果実**（賃料等）には**及ばない**。ただし、例外として、債務の不履行が生じた後は、効力が及ぶ。　►○

A3
ぐく塾
144頁
マンガ
一頁

抵当権を設定できるのは、**不動産**（土地、建物）、**地上権**、**永小作権**だ。なお、賃借権には抵当権を設定できないから念のため。　►○

Aは、BのCに対する金銭債権（利息付き）を担保するため、Aの所有地にBの抵当権を設定した。Bの抵当権が消滅した場合、後順位の抵当権者の順位が繰り上がる。

 Aは、Bに対する貸付金債権の担保のために、当該貸付金債権額にほぼ見合う評価額を有するB所有の更地である甲土地に抵当権を設定し、その旨の登記をした。その後、Bはこの土地上に乙建物を築造し、自己所有とした。Bが、甲土地及び乙建物の双方につき、Cのために抵当権を設定して、その旨の登記をした後（甲土地についてはAの後順位）、Aの抵当権が実行されるとき、乙建物のために法定地上権が成立する。

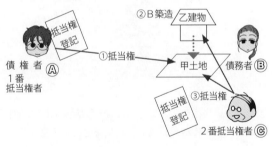

A4
らく塾
147頁
マンガ
一頁

先順位の抵当権が消滅すると、後順位の抵当権は自動的に順位が繰り上がることになっている。 ►○

A5
らく塾
147頁
マンガ
77頁

土地に一番抵当権を設定した時点で、土地上に建物がなかったときは、その後、建物が建てられ、二番抵当権を設定した時点で、土地上に建物があったとしても、法定地上権は成立しない。 ►×

Aは、Bから借金をし、Bの債権を担保するためにA所有の土地及びその上の建物に抵当権を設定した。Aから抵当権付きの土地及び建物を買い取ったCは、Bの抵当権の実行に対しては、自ら競落する以外にそれらの所有権を保持する方法はない。

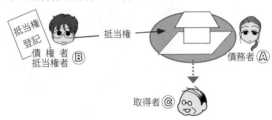

 Aは、B所有の建物に抵当権を設定し、その旨の登記をした。Bは、その抵当権設定登記後に、この建物をCに賃貸した。Cは、この契約時に、賃料の6カ月分相当額の300万円の敷金を預託した。Bが、BのCに対する将来にわたる賃料債権を第三者に譲渡し、対抗要件を備えた後は、Cが当該第三者に弁済する前であっても、Aは、物上代位権を行使して当該賃料債権を差し押さえることはできない。

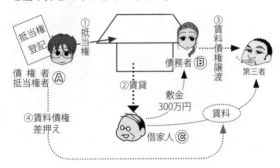

A6
ら く 塾
151頁
マンガ
78頁
79頁

Cは担保不動産の第三取得者だから、①被担保債権の弁済、②抵当権消滅請求、③代価弁済、の3つのうちいずれかの方法で抵当権を消滅させれば所有権を保持できる。　　　　　　　　　　　　　　　　　　　　　　　▶×

抵当権
つきかね

肩代わり
してでも消さ
ないと

実行されたら
かなわん

①被担保債権の**弁済**
②**抵当権消滅請求**
③**代価弁済**

A7
ら く 塾
154頁
マンガ
80頁
81頁

抵当権には、物上代位性がある。だから、物上代位権を行使して当該賃料債権を差し押さえてOKだ。

（**こういうこと**）　差押えは賃料が支払われる前にやらなければいけないが、債権譲渡は、支払いに当たらないので、Aは、差し押さえることができる。　　　　　▶×

ち……賃料
差し押さえ
させていただき
……

なんでこんなのに
譲渡した
～～!!

ああ？

AのBに対する金銭債権を担保するため、Bは自己所有の土地にAの抵当権を設定し、登記をした。Bが元本債権の一部を弁済した場合、Aの抵当権は、その弁済された割合につき消滅する。

 AがBに対する債務の担保のためにA所有建物に抵当権を設定し、登記をした。抵当権の消滅時効の期間は20年であるから、AのBに対する債務の弁済期から10年が経過し、その債務が消滅しても、Aは、Bに対し抵当権の消滅を主張することができない。

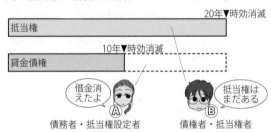

A8
らく塾
156頁
マンガ
80頁
81頁

抵当権は、被担保債権**全額が弁済**されるまで、目的物全部に効力を有する。 ►×

A8
らく塾
157頁
マンガ
81頁

被担保債権が時効消滅すれば、付従性によって抵当権も自動的に消滅する。 ►×

Q10 貸付金債権を担保するための根抵当権が設定されている場合、貸付金債権の元本が確定したとき、根抵当権者は、確定期日の被担保債権額のほか、確定期日後に生じた利息及び損害金についても、登記された極度額に達するまで、根抵当権に基づく優先弁済権を主張することができる。

Q11 不動産質権は、目的物の引渡しが効力の発生要件であるのに対し、抵当権は、目的物の引渡しは効力の発生要件ではない。

Q12 不動産に留置権を有する者は、目的物が金銭債権に転じた場合には、当該金銭に物上代位することができる。なお、物上代位を行う留置権者は、物上代位の対象とする目的物について、その払渡し又は引渡しの前に他の債権者よりも先に差し押さえるものとする。

A10
らく塾
159頁
マンガ
一頁

根抵当権者は元本と利息等を併せて極度額に**達するまで**優先弁済を受けられる。だから、元本確定後に生じた利息等についても、極度額に達するまで優先弁済を受けられる。　▶○

A11
らく塾
88頁
142頁
マンガ
42頁
43頁

質権は、目的物の引渡しが効力の発生要件だ（意思表示だけでは質権の効力は生じない）。それに対して、抵当権は、目的物の引渡しは効力の発生要件ではない（意思表示だけで抵当権の効力が生じる）。　▶○

A12
らく塾
155頁
マンガ
80頁

抵当権、質権、先取特権には物上代位性がある。しかし、留置権には物上代位性はない。だから、留置権者は、目的物が金銭債権に転じても、当該金銭に物上代位することができない。　▶×

12. 債務不履行・損害賠償・解除

Q1 Aを売主、Bを買主として、甲建物の売買契約が締結された。AがBに甲建物の引渡しをすることができなかった場合、その不履行がAの責めに帰することができない事由によるものであるときを除き、BはAに対して、損害賠償の請求をすることができる。

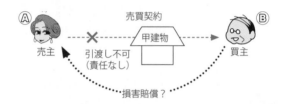

Q2 Aを売主、Bを買主として、甲土地の売買契約が締結された。Bが売買契約で定めた売買代金の支払期日までに代金を支払わなかった場合、売買契約に特段の定めがない限り、AはBに対して、年5％の割合による遅延損害金を請求することができる。

A1
らく塾
164頁
マンガ
82頁
83頁

A（債務者）の責めに帰することができない事由によるものであるときを除き、B（債権者）は、損害賠償を請求できる。ちなみに、「Aの責めに帰することができない事由によるものであるとき」とは「Aに帰責事由がないとき」という意味だ。　►○

A2
らく塾
166頁
マンガ
一頁

遅延損害金（損害賠償）の額は、法定利率によって定める。法定利率は3％だ。だから、AはBに対して、年3％の割合による遅延損害金を請求することができる。　►×

Aがその所有する建物をBに売却する契約をBと締結したが、その後Bが資金計画に支障を来し、Aが履行の提供をしても、Bが残代金の支払いをしないため、Aが契約を解除しようとする場合、Aは、Bに対し相当の期間を定めて履行を催告し、その期間内にBの履行がないときは、その契約を解除し、あわせて損害賠償の請求をすることができる。

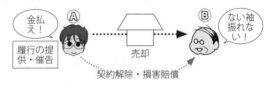

債務不履行に対して債権者が相当の期間を定めて履行を催告してその期間内に履行がなされない場合であっても、催告期間が経過した時における債務不履行がその契約及び取引上の社会通念に照らして軽微であるときは、債権者は契約の解除をすることができない。

A3
らく塾
163頁
マンガ
84～
87頁

解除をしても、損害賠償請求はできる。だから、Aは、①損害賠償請求と、②解除ができる。この2つは、**両方同時**にできる。　　　　　　　　　　　　　　　　▶○

損害賠償 & 契約解除

解除は 応じるが

金は ないぞ

A4
らく塾
168頁
マンガ
86頁
87頁

債務不履行があったら、債権者は、相当の期間を定めて履行をするよう催告をし、それでも、その期間内に履行がないときは、解除できる。ただし、例外として、その期間を経過した時における債務の不履行が軽微であるときは、解除できない。　　　　　　　　　　▶○

おなか すいた～

いいじゃん ドリンクなんか～

シ！ 少し まけて もらおうと・・・？

まいどー！

PIZZA

Q5 Aは、Bから土地建物を購入する契約（代金5,000万円、手付300万円、違約金1,000万円）を、Bと締結し、手付を支払ったが、その後資金計画に支障を来し、残代金を支払うことができなくなった。「Aのローンが某日までに成立しないとき、契約は解除される」旨の条項がその契約にあり、ローンがその日までに成立しない場合は、Aが解除の意思表示をしなくても、契約は効力を失う。

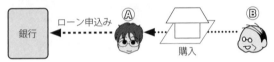

ローン不成立の場合、売買契約解除

Q6 Aは、自己所有の甲地をBに売却し、代金を受領して引渡しを終えたが、AからBに対する所有権移転登記はまだ行われていない。AB間の売買契約をBから解除できる事由があるときで、Bが死亡し、CとDが1/2ずつ共同相続した場合、C単独ではこの契約を解除することはできず、Dと共同で行わなければならない。

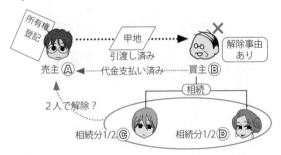

A5
あく塾
169頁
マンガ
一頁

解除条件を付けた場合には、その条件が満たされることによって、自動的に契約は効力を失う。解除の意思表示は必要ない。　　　　　　　　　　　　　　　　　►○

A6
あく塾
171頁
マンガ
一頁

当事者の一方が数人いる場合、解除の意思表示は全員からまたは、全員に対してしなければならない。　　　　►○

解除は全員から全員に

12. 債務不履行・損害賠償・解除　75

Aが、Bに建物を3,000万円で売却し、Bが代金を支払った後Aが引渡しをしないうちに、Aの過失で建物が焼失した場合、Bは、Aに対し契約を解除して、代金の返還、その利息の支払い、引渡し不能による損害賠償の各請求をすることができる。

 Aは、A所有の土地を、Bに対し、1億円で売却する契約を締結し、手付金として1,000万円を受領した。Aは、決済日において、登記及び引渡し等の自己の債務の履行を提供したが、Bが、土地の値下がりを理由に残代金を支払わなかったので、登記及び引渡しはしなかった。Bが、AB間の売買契約締結後、この土地をCに転売する契約を締結していた場合、Aは、AB間の売買契約を解除しても、Cのこの土地を取得する権利を害することはできない。

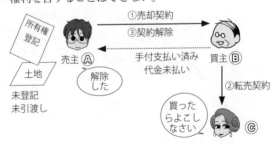

A7
ぶ～く塾
172頁
マンガ
86頁

Aの過失で建物が焼失したのだから、債務不履行（履行不能）だ。解除の結果契約は初めからなかったことになる。だから、BはAに対して、①代金の返還、②利息の支払い、③損害賠償の各請求ができる。　►○

とにかく引き渡したからね

燃えカスをか？

貴様の不始末だ！

契約解除だ利息をつけて代金返せ

損害賠償しろ

A8
ぶ～く塾
173頁
マンガ
49頁

解除者Aと第三者Cとの勝ち負けは、登記で決まる。本問の場合、登記はAのところにあり、Cは登記を有していない。だから、Aの勝ちだ。Aは所有権をCに対して主張することができる。　►×

あたしはもう買ったのよ

よこしなさい

解除したから所有権こっちに戻っている！

Win

登記移さないでよかった

登記

Aを売主、Bを買主として甲土地の売買契約を締結した。BがAに解約手付を交付している場合、Aが契約の履行に着手していない場合であっても、Bが自ら履行に着手していれば、Bは手付を放棄して売買契約を解除することができない。

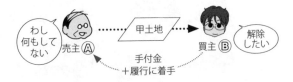

わし
何もして
ない

売主Ⓐ ········ 甲土地 ····· 買主Ⓑ

手付金
＋履行に着手

解除
したい

 Bは、Aから土地建物を購入する契約（代金5,000万円、手付300万円、違約金1,000万円）を、Aと締結し、手付を支払ったが、その後資金計画に支障を来し、残代金を支払うことができなくなった。Bは、Aが履行に着手する前であれば、中間金を支払っていても、手付を放棄して契約を解除し、中間金の返還を求めることができる。

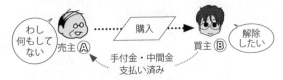

わし
何もして
ない

売主Ⓐ ········ 購入 ····· 買主Ⓑ

手付金・中間金
支払い済み

解除
したい

相手方が履行に着手した後は、手付による解除はできない。しかし、自分の側だけが履行に着手した後は、履行の着手がムダになるのは自分で被ればすむことだから、解除できる。　►×

手付解除は相手次第

自分が履行済みでも相手が……

Bのペナルティーは、手付をAにとられてしまうことだけだから、**中間金の返還を求めることができる。**　►○

契約解除する　手付300万円はあげるから

中間金は返して

何もしないで300万円転がり込んできた♪

中間金　手付300万円

13. 連帯債務と保証債務

(1) 連帯債務

AとBとが共同で、Cから、C所有の土地を2,000万円で購入し、代金を連帯して負担する（連帯債務）と定め、CはA・Bに登記、引渡しをしたのに、A・Bが支払いをしない。この場合、AとBとが、代金の負担部分を1,000万円ずつと定めていたとき、AはCから2,000万円請求されても、1,000万円を支払えばよい。

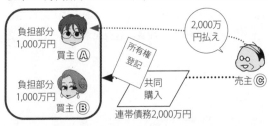

AからBとCとが負担部分1/2として連帯して1,000万円を借り入れる場合と、DからEが1,000万円を借り入れ、Fがその借入金返済債務についてEと連帯して保証する場合、Aが、Bに対して履行を請求した効果はCに及び、Cに対して履行を請求した効果はBに及ぶ。Dが、Eに対して履行を請求した効果はFに及び、Fに対して履行を請求した効果はEに及ぶ。

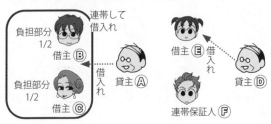

A1
らく塾
187頁
マンガ
92頁

債権者は、連帯債務者のうちの1人に対して、全額の支払いを請求できる（請求された連帯債務者は、全額を支払わなければならない）。だから、AはCに2,000万円支払わなければならない。　　　　　　　　►×

A2
らく塾
191頁
205頁
マンガ
94頁
95頁
98頁
99頁

「連帯債務」の場合、債権者が連帯債務者のうちの1人に対して請求しても、請求の効力は**他の**連帯債務者**には**及ばない。また、「連帯保証」の場合、債権者が主たる債務者に対して請求したら、請求の効力は連帯保証人に**及ぶ**。しかし、債権者が連帯保証人に請求しても、請求の効力は主たる債務者**には及ばない**。　　　►×

Q3 A及びBは、Cの所有地を買い受ける契約をCと締結し、連帯して代金を支払う債務を負担している。Aの債務が時効により消滅したときは、Bは、Aの負担部分について支払いを免れる。

(2) 保証債務

 Q4 保証人となるべき者が、口頭で明確に特定の債務につき保証する旨の意思表示を債権者に対してすれば、その保証契約は有効に成立する。

その人
大丈夫
なの？
債権者　　保証人　　債務者

おれが
保証する
問題ない

 Q5 主たる債務の目的が保証契約の締結後に加重されたときは、保証人の負担も加重され、主たる債務者が時効の利益を放棄すれば、その効力は連帯保証人に及ぶ。

時効完成したけど
オレは放棄して
やるぜ

大丈夫
しっかり返して
やっからよ！
（こいつが）

もちろん
後で借りた
10万円もな
（こいつが）

連帯保証人　　債務者　　債権者

A3
らく塾
192頁
マンガ
95頁

連帯債務者のうちの1人について時効が完成しても、その効力は他の連帯債務者には及ばない。だから、Bは全額支払う必要がある。　　　　　　　　　　　　　　　　▶×

A4
らく塾
194頁
マンガ
96頁

保証契約は、書面または電磁的記録でやらないと効力を生じない（口頭で契約しても無効！）。　　　　　　▶×

A5
らく塾
195頁
マンガ
97頁

主たる債務が保証契約の締結後に加重されても、保証人の負担は加重されない。だから、前半部分は×だ。また、主たる債務者が時効の利益を放棄しても、その効力は（連帯）保証人には及ばない。だから、後半部分も×だ。　▶×

Q6 Aは、BのCに対する1,000万円の債務について、保証人となる契約を、Cと締結した。CがAに対して直接1,000万円の支払いを求めてきても、BがCに600万円の債権を有しているときは、Aは、400万円を支払えばよい。

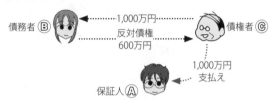

債務者 Ⓑ ◀········1,000万円········ 債権者 Ⓒ
········反対債権········
600万円
1,000万円
支払え
保証人 Ⓐ ◀········

Q7 Aは、Aの所有する土地をBに売却し、Bの売買代金の支払債務についてCがAとの間で保証契約を締結した。Cの保証債務にBと連帯して債務を負担する特約がない場合、Bに対する履行の請求による時効の完成猶予及び更新は、Cに対してもその効力を生ずる。

売主 Ⓐ ◀·····代金支払債務····· 買主 Ⓑ
────履行の請求───▶
完成猶予
・更新
保証人 Ⓒ 完成猶予
・更新

Q8 AがBに1,000万円を貸し付け、Cが連帯保証人となった場合、AがCに対して請求の訴えを提起することにより、Bに対する関係で消滅時効の完成猶予及び更新の効力が生ずることはない。

債権者 Ⓐ 主たる Ⓑ
債務者
支払え
（訴訟）
完成猶予
・更新
連帯保証人 Ⓒ

A6
らく塾
196頁
マンガ
99頁

主たる債務者が、債権者に対して債権を有しているとき
は、保証人は、その債権の分について**支払いを拒絶できる。**

$$1,000万円-600万円=400万円$$　　　　　　►○

A7
らく塾
197頁
マンガ
99頁

債権者Aが主たる債務者Bに履行の**請求**をすると、主た
る債務の消滅時効が完成猶予・更新されるだけでなく、
保証債務の消滅時効も**完成猶予・更新される。**　　►○

A8
らく塾
205頁
マンガ
99頁

AがCに請求しても、Bに請求したことにならない。だ
から、Bについて、時効の完成猶予・更新の効力が生じ
ることはない。　　　　　　　　　　　　　　　　►○

AがBに対して負う1,000万円の債務について、C及びDが連帯保証人となった（CD間に特約はないものとする）。CがBから請求を受けた場合、CがAに執行の容易な財産があることを証明すれば、Bは、まずAに請求しなければならない。

 AがBに対して負う1,000万円の債務について、C及びDが連帯保証人となった場合、CD間に連帯の特約がなくても、C及びDは各自全額につき保証責任を負う。

A9
らく塾
204頁
マンガ
98頁
99頁

連帯保証人には、検索の抗弁権がない。だから、Bは、Aに請求しないで、いきなりCに請求できる。　►×

A10
らく塾
205頁
マンガ
98頁

連帯保証人には、分別の利益がない。だから、連帯保証人は各自全額につき保証責任を負う（本問の場合、主たる債務が1,000万円で、CとDの2人が連帯保証人なので、債権者Bは、CにもDにも1,000万円全額を請求できる）。　►○

連帯保証人Ⓓ　債務者Ⓐ　連帯保証人Ⓒ　　　　債権者Ⓑ

14. 賃貸借

Q1
　賃貸人Aと賃借人Bとの間で建物の賃貸借契約を締結した。当該建物の修繕が必要である場合において、BがAに修繕が必要である旨を通知したにもかかわらずAが相当の期間内に必要な修繕をしないときは、Bは自ら修繕をすることができる。

Q2
居住用建物の賃借人Aは、有益費を支出したときは、賃貸借終了の際、自らの選択によりその費やした金額又は増加額の償還を賃貸人Bに請求することができる。

A1
らく塾
207頁
マンガ
一頁

賃借物の修繕が必要である場合において、賃借人が賃貸人に修繕が必要である旨を通知し、または賃貸人がその旨を知ったにもかかわらず、賃貸人が相当の期間内に必要な修繕をしないときは、賃借人は、その修繕ができる。　►○

A2
らく塾
206頁
マンガ
101頁

賃借人が有益費を支出したときは、賃貸借終了時に、①全額または、②現存増加額を賃貸人に請求できる。そして、全額か現存増加額かを選択するのは、賃借人Aではなく**賃貸人B**だ。　►×

Q3 Aが所有している甲土地を平置きの駐車場用地として利用しようとするBに貸す場合と、一時使用目的ではなく建物所有目的を有するCに貸す場合、AB間の土地賃貸借契約を書面で行っても、Bが賃借権の登記をしないままAが甲土地をDに売却してしまえばBはDに対して賃借権を対抗できないのに対し、AC間の土地賃貸借契約を口頭で行っても、Cが甲土地上にC所有の登記を行った建物を有していれば、Aが甲土地をDに売却してもCはDに対して賃借権を対抗できる。

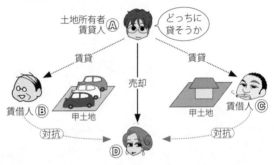

Q4 AがBから賃借している建物をCに転貸した。AC間の転貸借がBの承諾を得ていない場合でも、その転貸借がBに対する背信的行為と認めるに足りない特段の事情があるときは、Bの解除権は発生しない。

A3
ら・く塾
210頁
マンガ
102頁
103頁

民法の世界（ＡＢ間の賃貸借契約）では、「**賃借権**」が登記されていないと、賃借権を新地主に対抗できない。しかし、借地借家法の世界（ＡＣ間の賃貸借契約）では、「賃借権」が登記されていなくても賃借している土地の上の**建物**が「登記」されていれば、賃借権を新地主に対抗できる。　　　　►○

A4
ら・く塾
215頁
マンガ
一頁

無断転貸があっても、常に解除できるわけではなく、「**信頼関係**」が破壊された場合に限って解除できる。　►○

Q5

AがBに対してA所有の甲建物を賃貸した。契約締結後、甲建物の引渡し前に、甲建物がCの放火で全焼した場合、BとAとの間の賃貸借契約は終了する。

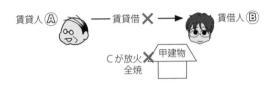

賃貸人Ⓐ —— 賃貸借✕ —→ 賃借人Ⓑ

Cが放火✕ 甲建物
全焼

 Q6

AがBに甲建物を賃貸し、BがAの承諾を得て甲建物をCに適法に転貸している。AがBとの間で甲建物の賃貸借契約を合意解除した場合、AはCに対して、Bとの合意解除に基づいて、当然には甲建物の明渡しを求めることができない。ただし、合意解除の当時、AはBの債務不履行による解除権を有しないものとする。

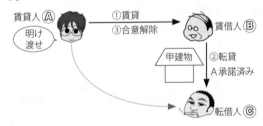

賃貸人Ⓐ
明け渡せ
①賃貸
③合意解除
賃借人Ⓑ
甲建物
②転貸
A承諾済み
転借人Ⓒ

A5
ら く 塾
220頁
マンガ
104頁
105頁

賃借物の全部が滅失等により使用収益できなくなった場合には、賃貸借は終了する（自動的に終了する。解除などの意思表示は不要だ）。　　　　　　　　　　　►○

A6
ら く 塾
246頁
マンガ
116頁
117頁

ＡＢの賃貸借が合意解除されても、ＢＣの転貸借は原則として終了しない。だから、ＡはＣに明渡しを求めることができない。ちなみに、合意解除の当時、ＡがＢの債務不履行による解除権を有していたときは、明渡しを求めることができる。　　　　　　　　　　　►○

15. 借 地

Q1 Aが自ら所有する甲土地につき、Bが建物を建築せず駐車場用地として利用する目的で存続期間を55年として土地の賃貸借契約を締結する場合には、期間は定めなかったものとみなされる。

賃貸人Ⓐ　　　　　　　　　　55年　賃借人Ⓑ

Q2 AがBのために新たに借地権を設定した場合、借地権の存続期間は、契約で25年と定めようと、35年と定めようと、いずれの場合も30年となる。

25年？　35年？　NO! 一律30年

Q3 建物の所有を目的とする土地の賃貸借において、その存続期間の満了前に建物が滅失しても、当該賃貸借は終了しない。

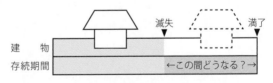

建　物　　滅失　　　　　　　満了
存続期間　　　←この間どうなる？→

借地権者

借地権設定者
（地主）

A1
ら く 塾
219頁
224頁
マンガ
105頁

建物所有を目的としない土地の賃貸借契約の場合は、借地借家法は適用されず、存続期間を55年間と定めた場合でも、その期間は、民法の賃借権の最高期間である**50年に短縮**される。　►×

A2
ら く 塾
224頁
マンガ
108頁
109頁

借地権の存続期間は、契約で30年以上の期間を定めればその期間となり、契約で30年未満の期間を定めれば、自動的に30年に引き上げられる。　►×

A3
ら く 塾
225頁
マンガ
110頁

借地権は、存続期間が満了するまでは、**建物がなくなろうがなくなるまいが**、存続する。　►○

Q4 Aは、木造の建物の所有を目的として、Bが所有する土地を期間30年の約定で賃借している。期間満了前に建物が滅失し、Aが再築をしない場合、期間満了の際にAが契約の更新の請求をしても、Bが異議を述べたときは、当該契約は更新されない。

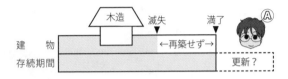

Q5 借地権者が借地権の登記をしておらず、当該土地上に所有権の登記がされている建物を所有しているときは、これをもって借地権を第三者に対抗することができるが、建物の表示の登記によっては対抗することができない。

Q6 AがBの土地を賃借して建てた建物の所有権が、Cに移転した。Bは、Cが使用しても何ら支障がないにもかかわらず、賃借権の譲渡を承諾しない。この場合、Cの建物の取得が売買によるものであるときは、Cは、当該建物の所有権移転登記をすれば、裁判所に対して、Bの承諾に代わる許可の申立てをすることができる。

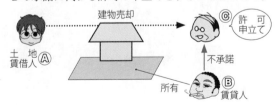

A4
ら<塾
227頁
マンガ
109頁

借地権者の請求による更新（請求更新）は、建物がある場合に限って認められる。　►○

え～
更新したい
のですが

建物もない
のに更新して
どうする？

A5
ら<塾
211頁
マンガ
103頁

借地権の登記がなくても、借地上の建物が借地権者名義で登記されていれば、借地権者は借地権を第三者に対抗できる。この建物の登記は表示登記でもOKだ。　►×

負けたわ

パパの家

表示登記

借地

第三者
（新地主等）

A6
ら<塾
236頁
マンガ
―頁

借地権（賃借権）の譲渡を、借地権設定者Ｂが承諾しない場合には、裁判所にＢの承諾に代わる許可を申し立てることができる。その場合、申立ては建物の譲受人Ｃではなく、借地権者Ａがやる。　►×

あんたが
申し立てて

あんたの
賃借権

裁判所の
許可もおりた
んじゃろ

譲渡
許可

Q7 AがBの土地を賃借して建てた建物の所有権が、Cに移転した。Bは、Cが使用しても何ら支障がないにもかかわらず、賃借権の譲渡を承諾しない。この場合、CがBに対して買取請求権を行使した場合、Cは、その建物を使用していても、Bが買取代金を支払うまで建物の引渡しを拒むことができ、その間の地代相当額を不当利得として返還する必要はない。

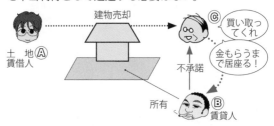

Q8 Aは、所有している甲土地につき、Bとの間で建物所有を目的とする賃貸借契約を締結した。借地契約がBの臨時設備の設置その他一時使用のためになされることが明らかである場合には、期間を5年と定め、契約の更新や建物の築造による存続期間の延長がない旨を借地契約に定めることができる。

A7
らく塾
235頁
マンガ
一頁

Cは、Bが買取代金を支払うまで建物の引渡しを拒むことができる。しかし、その間も、土地を占有している以上、地代相当額を不当利得として返還しなければならない。　▶×

A8
らく塾
222頁
マンガ
107頁

臨時設備の設置等一時使用のために借地権を設定したことが明らかな場合は、借地借家法の規定（存続期間・契約の更新・建物の再築による期間の延長等）は適用されない。だから、期間5年と定め、契約の更新や建物の築造による存続期間の延長がない旨を定めることができる。　▶○

Aが、Bの所有地を賃借して木造の家屋を所有し、これに居住している。増改築禁止の借地条件がある場合に、土地の通常の利用上相当とすべき改築についてBの承諾に代わる許可の裁判をするときでも、裁判所は、借地権の存続期間の延長まですることはできない。

 AがBのために新たに借地権を設定した場合、「借地権の設定から30年経過後に、AがBの建物を時価で買い取り、契約を更新しない」と特約しても、その特約は、無効である。

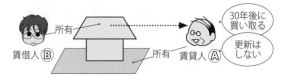

 Aが、Bに土地を賃貸し、Bがその土地上に建物を所有している。AB間の借地契約が、公正証書により10年の事業専用の目的で締結された場合には、Bは契約終了に伴う建物買取請求権を有しない。

A9
らく塾
239頁
マンガ
一頁

裁判所はBの承諾に代わる許可をAに与えるだけでなく、必要に応じて借地条件を変更することもできる。存続期間の延長もOKだ。　▶×

A10
らく塾
241頁
マンガ
113頁

更新しない借地権は、①事業用定期借地権、②定期借地権、③建物譲渡特約付**借地権**（Q10のケース）の3つだ。　▶×

A11
らく塾
241頁
マンガ
112頁
113頁

事業用定期借地権には、①短期タイプ（10年以上〜30年未満）と②長期タイプ（30年以上〜50年未満）がある。①については当然に建物買取請求権がない。ちなみに、②については「建物買取請求権がない」という特約を付けることができる。　▶○

16. 借　家

Q1 建物の賃貸借においては、その存続期間は、20年を超えることができる。

Q2 AがBに対し、A所有の甲建物を3年間賃貸する旨の契約をした。AがBに対して、期間満了の3月前までに更新しない旨の通知をしなければ、従前の契約と同一の条件で契約を更新したものとみなされるが、その期間は定めがないものとなる。

A1
らく塾
242頁
マンガ
114頁

建物賃貸借の存続期間は、1年以上に限る。だから、20年を超えることができる。なお定期建物賃貸借の存続期間は、1年未満でもOKだ。　　　　　　　►○

A2
らく塾
244頁
マンガ
115頁

当事者が期間の満了の「1年前から6カ月前」までの間に相手方に対して更新をしない旨の通知または条件を変更しなければ更新をしない旨の通知をしなかったときは、従前の契約と同一の条件で契約を更新したものとみなされる。なお、期間は、定めがないものとなる。「3月前までに」という部分が×だ。　　　　　　　►×

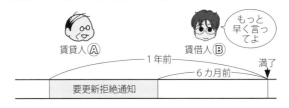

Aを賃貸人、Bを賃借人とする甲建物の賃貸借契約
(「本件契約」という。)が締結された。本件契約について期間の定めをしなかった場合、AはBに対して、いつでも解約の申入れをすることができ、本件契約は、解約の申入れの日から3月を経過することによって終了する。

家屋の賃貸人Aの家賃の増額請求について、増額を正当とする裁判が確定した場合で、賃借人Bが既に支払った額に不足があるとき、Bは、その不足額に年1割の割合による支払期後の利息を付してこれをAに支払わなければならない。

Aは、A所有の建物をBに賃貸している。Bが、Aの承諾を得たうえで、当該建物をCに転貸している場合において、AB間の賃貸借契約が期間の満了によって終了するときは、Aは、Cにその旨の通知をしないと、賃貸借契約の終了をCに対し主張することができない。

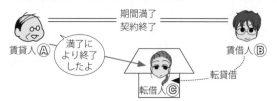

A3
ぬく塾
244頁
マンガ
115頁

期間の定めのない建物賃貸借は、賃貸人が解約の申入れをした場合（ちなみに、正当事由が必要）、解約の申入れの日から**6カ月**を経過すると終了する。3カ月ではないので本問は×だ。　►×

期間の定めのない賃貸借契約の終了

A4
ぬく塾
245頁
マンガ
一頁

裁判で決着がつくまでは賃借人は**相当と認める額の借賃**（今までどおりの額）を支払えばいいが、裁判で増額が認められた場合には今までの額との差額に**年1割**の利息を付けて清算しなければならない。　►○

A5
ぬく塾
246頁
マンガ
116頁
117頁

ＡＢの賃貸借が期間満了で終了しても、ＡがＣに終了通知（「ＡＢの賃貸借は終了しました」という通知）をしなければ、賃貸借契約の終了をＣに対抗することはできず、Ｃを追い出すことはできない。　►○

Q6 Aが、B所有の建物を賃借している。Bの建物がCからの借地上にあり、Bの借地権の存続期間の満了によりAが土地を明け渡すべきときは、Aが期間満了をその1年前までに知らなかった場合に限り、Aは、裁判所に対し土地の明渡しの猶予を請求することができる。

Q7 Aを賃貸人、Bを賃借人とするA所有の居住用建物の賃貸借に関して、AB間で「Bが自己の費用で造作することは自由であるが、賃貸借が終了する場合、Bはその造作の買取請求をすることはできない」と定める特約は、有効である。

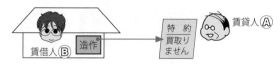

Q8 定期建物賃貸借契約を締結しようとする場合、賃貸人が、当該契約に係る賃貸借は契約の更新がなく、期間の満了によって終了することを説明しなかったときは、契約の更新がない旨の定めは無効となる。

A6
ろく塾
248頁
マンガ
一頁

AがBの借地権の存続期間がいつ満了するか知らなかった場合まで追い出されたのでは酷。そこで、裁判所に猶予請求（最高で1年間まで）ができることになっている。　　　▶○

A7
ろく塾
250頁
マンガ
一頁

建物の賃借人には、造作を賃貸人に買い取るよう請求する権利が保証されているが、この権利を放棄する特約も**有効**だ。　　　▶○

A8
ろく塾
254頁
マンガ
一頁

更新がなく、期間の満了によって終了することを説明しなかったときは、契約の更新がない旨の定めは**無効**となる。つまり、更新がある通常の借家契約となる（借家契約の全部が無効になるのではない）。　　　▶○

Aは、その所有する居住用建物をBに賃貸している。AB間で「賃貸借期間の3年が満了しても更新しない」旨の特約をするには、公正証書でしなければ効力がない。

 賃貸人と賃借人との間で、建物につき、期間5年として借家契約を締結した。賃貸借契約開始から3年間は賃料を増額しない旨の特約を定めた場合、定期借家契約においても、普通借家契約においても、当該特約は無効である。

A9
ぷく塾
253頁
マンガ
118頁

定期建物賃貸借は書面または電磁的記録で契約する必要があるが、書面で契約する場合は、**公正証書でなくてもＯＫ**。ただし、あらかじめ、更新しない旨を記載した書面を交付、または、書面に記載すべき事項を電磁的方法（電子メール等）により提供して説明する必要がある。

▶×

単なる書面や電磁的記録でもいいはずだよ

定期借家

おお、そうかそりゃ助かる。

A10
ぷく塾
222頁
254頁
マンガ
106頁
107頁

賃料を増額しない旨の特約は、定期借家契約においても、普通借家契約においても、有効だ。ちなみに、賃料を減額しない旨の特約は、定期借家契約においては有効だが、普通借家契約においては無効だ。

▶×

増額しない約束だよね！

増額しないよ○○

そんなの無効

じゃあないわよ！

宅建 塾

1 権 利
2 業 法
3 法令上
4 その他

17. 弁 済

Q1 共に宅地建物取引業者であるＡＢ間でＡ所有の土地について、令和６年４月１日に売買代金3,000万円（うち、手付金200万円は同年４月１日に、残代金は同年５月31日に支払う。）とする売買契約を締結した。この場合、残代金の支払いをするについて正当な利益をを有しないＣは、同年５月31日を経過すれば、Ｂの意思に反しても残代金をＡに対して支払うことができる。

土地

4/1 契約・手付金支払い
5/31 残代金支払い

売主Ⓐ

買主Ⓑ

やめて！

5/31を過ぎれば……
弁済できる？

Ⓒ正当な利益なし

Q2 Ａが、Ｂに対して不動産を売却し、所有権移転登記及び引渡しをした場合、Ｂが、「ＡからＣに対して代金債権を譲渡した」旨を記載された偽造の文書を持参した代金債権の受領権者としての外観を有する者であるＣに弁済した場合で、Ｂが善意無過失であるとき、Ｂは、代金債務を免れる。

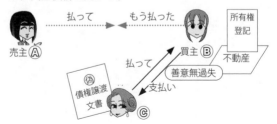

払って

もう払った

所有権登記

売主Ⓐ

買主Ⓑ

不動産

払って

善意無過失

㊖
債権譲渡
文書

支払い

Ⓒ

A1
ゑく塾 255頁 マンガ 一頁

正当な利益を有する第三者の場合は、債務者の意思に反しても弁済することができるが、正当な利益を有しない第三者の場合は、原則として、債務者の意思に反して弁済することはできない。　►×

A2
ゑく塾 255頁 マンガ 一頁

Cは「AからCに対して代金債権を譲渡した」という偽造の文書を持参しているから、受領権者としての外観を有する者だ。そして、債務者のBは善意無過失だ。だから、BのCに対する弁済は有効であり、Bは債務を免れる。　►○

Q3 借地人が地代の支払いを怠っている場合、借地上の建物の賃借人は、土地賃貸人の意思に反しても、地代について金銭以外のもので代物弁済することができる。

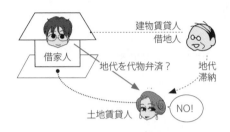

Q4 Aは、Bに対する金銭債務を有している。Aが、不動産の所有権をもって代物弁済の目的とする場合、Bへの所有権移転登記その他第三者に対する対抗要件を具備するため必要な行為を完了しなければ、弁済としての効力は生じない。

A3
あく塾
256頁
マンガ
一頁

債権者と債務者で契約をすれば、お金以外のもので弁済すること（代物弁済という）ができるが、債権者の意思に反して、一方的に**代物弁済**を押し付けることはできない。　▶×

A4
あく塾
255頁
マンガ
一頁

不動産を代物弁済の目的物とする場合は、登記等、第三者に対する対抗要件を具備するため必要な行為を完了しなければ、弁済としての効力は生じない。なぜなら、Bが対抗要件を得なければ、Aが不動産を第三者に二重譲渡した場合は泣き寝入りになるからだ。　▶○

18. 相　殺

AがBに対して100万円の金銭債権、BがAに対して100万円の同種の債権を有している（AB間に特約はないものとする。）。

①　Aの債権について弁済期の定めがなく、Aから履行の請求がないときは、Bは、Bの債権の弁済期が到来しても、相殺することができない。

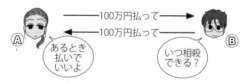

②　CがAの債権を差し押さえた後、BがAに対する債権を取得したときは、Bは、Aに対して相殺をすることができるが、それをもってCに対抗することはできない。なお、BがCの差押え後に取得した債権は、差押え前の原因に基づいて生じたものではないものとする。

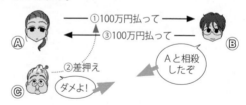

A1
らく塾
257頁
258頁
マンガ
一頁

① BのAに対する債権について弁済期が到来していれば、AのBに対する債権の弁済期が到来していなくても、Bは相殺できる（自分が持っている債権の弁済期が到来していれば、相手が持っている債権の弁済期が到来していなくても、相殺できる）。　▶×

② この場合に、Bが相殺をすると、Cが差し押さえたAの債権を消滅させることになるため、**Cに迷惑がかかる**。だからCに対抗できない。　▶○

Aは、B所有の建物を賃借し、毎月末日までに翌月分の賃料50万円を支払う約定をした。

① AがBに対して商品の売買代金請求権を有しており、それが令和6年4月1日をもって時効により消滅した場合、Aは、同年4月2日に、このBに対する代金請求権を自働債権として、同年3月31日に弁済期が到来した賃料債務と対当額で相殺することはできない。

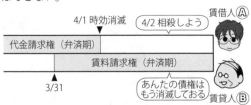

② AがBに対し不法行為に基づく生命又は身体の侵害による損害賠償請求権を有した場合、Aは、このBに対する損害賠償請求権を自働債権として、弁済期が到来した賃料債務と対当額で相殺することはできない。

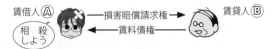

① 時効によって消滅した債権でも、その消滅時に相殺適状になっていた場合は、相殺することができる。もともと時効消滅する前は相殺できたわけだから、時効完成後は自分の債務だけ弁済するしかないとしては、あまりにもAが気の毒だからだ。　　　　　　►×

② ①悪意による不法行為によって生じた債権と②生命または身体の侵害によって生じた債権は、加害者は相殺できないが、**被害者は相殺**できる。　　　　　►×

19. 委任と請負

(1). 委 任

Q1 Aは、Bにマンションの一室を賃貸するに当たり、管理を業としないCとの間で管理委託契約を締結して、Cに賃料取立て等の代理権を与えた。この場合、Cは、Aとの間で特約がなくても、Aに対して報酬の請求をすることができる。

貸主Ⓐ ── 管理委託 → ← 報酬は？ ── 受任者Ⓒ ‥‥賃料取立て‥→ 借主Ⓑ

Q2 Aは、その所有する土地について、第三者の立入り防止等の土地の管理を、当該管理を業としていないBに対して委託した。Bが無償で本件管理を受託している場合は、「善良なる管理者の注意」ではなく、「自己の財産におけるのと同一の注意」をもって事務を処理すれば足りる。

委任者Ⓐ 〔見張ってろ〕 受任者Ⓑ 〔お駄賃なしかよ〕

Q3 委任者が破産手続開始決定を受けた場合、委任契約は終了する。

委任者 〔破産した〕 受任者 〔おれはどうすれば？〕

A1

らく塾
259頁
マンガ
一頁

　ＡＣ間の契約は、マンションの管理についての委任契約だ。委任は、タダ働き**が原則**だ（無償契約）。特約がない限り報酬は請求できない。　►×

A2
らく塾
259頁
マンガ
一頁

受任者Ｂはたとえタダ働きとはいえ、人様から土地の管理を任された以上信頼に答えなければいけない。だから、善良な管理者の注意（細心の注意というイミ）を要求される。　►×

A3
らく塾
260頁
マンガ
一頁

委任者の→**死亡・破産**、**受任者**の→**死亡・破産・後見開始**で委任契約は終了する　►○

19. 委任と請負　119

Aは、Bにマンションの一室を賃貸するに当たり、管理を業としないCとの間で管理委託契約を締結して、Cに賃料取立て等の代理権を与えた。この場合、Aが死亡したとき、委託契約は終了するが、急迫の事情がある場合においては、Cは、その管理業務を行う必要がある。

(2). 請 負

AがBに対して建物の建築工事を代金3,000万円で注文し、Bがこれを完成させた。請負契約の目的物たる建物が品質に関して契約の内容に適合しないものである場合、建物の修補が可能であれば、AはBに対して損害賠償請求を行う前に、修補を請求しなければならない。

A4
らく塾
260頁
マンガ
一頁

委任者が死亡すれば委任契約は終了する。ただし、委託契約が終了した場合でも、急迫の事情があるときは、受任者Cは、必要な対処をしなければならない。委任はお互いの信頼関係を前提としているからだ。　　►○

A5
らく塾
261頁
マンガ
一頁

建物の修補が可能でも、修補請求せずに、損害賠償請求をしてもOKだ。　　►×

AがBに対して建物の建築工事を代金3,000万円で注文し、Bがこれを完成させた。請負契約の目的物たる建物が契約の内容に適合しないものである場合でも、Bは担保責任を負わない旨の特約をしたときには、AはBの担保責任を一切追及することができなくなる。

 Aを注文者、Bを請負人とする請負契約（以下「本件契約」という。）が締結された。Bが仕事を完成しない間は、Aはいつでもbに対して損害を賠償して本件契約を解除することができる。

A6
らく塾
262頁
マンガ
一頁

請負人が担保責任を負わないという特約も有効だ。ただ
し、請負人が知りながら告げなかった事実については、
注文者は担保責任を追及できる。だから、一切追及する
ことができなくなるとある本問は×だ。　　　　▶×

A7
らく塾
262頁
マンガ
一頁

請負人Bが仕事を完成しない間は、注文者Aは、いつで
も損害を賠償して契約の解除ができる。注文したけれ
ど、完成前に必要なくなったら、損害を賠償して（途中
までの分の報酬を払って）契約の解除ができる、という
こと。　　　　　　　　　　　　　　　　　　　▶○

1 権　利

2 業　法

3 法令上

4 その他

19. 委任と請負　123

20. 不法行為

Q1 Aが、その過失によってB所有の建物を取り壊し、Bに対して不法行為による損害賠償債務を負担した。Aの損害賠償債務は、BからAへ履行の請求があった時から履行遅滞となり、Bは、その時以後の遅延損害金を請求することができる。

取壊し　　　　　　報告　　　　　　請求

Q2 Aは、宅地建物取引業者Bに媒介を依頼して、土地を買ったが、Bの社員Cの虚偽の説明によって、損害を受けた。

社員C

① Aは、Cの虚偽の説明がBの指示によるものでないときは、Cに対して損害の賠償を求めることができるが、Bに対しては求めることができない。

② Aは、Cの不法行為責任が成立しなければ、Bに対して損害の賠償を求めることができない。

A1
らく塾
264頁
マンガ
一頁

損害が**発生した瞬間**から、Aは履行遅滞になる。Bの**請求は不要**。不法行為というケシカラン行為をしたのだから、普通の債務より責任が重くて当然。　　　　▶×

すでに
このように……

すみません
損害賠償し
ます……

取り壊し
たとき
からの

損害を
だぞ！

A2
らく塾
264頁
265頁
マンガ
一頁

①　使用者Bは、Cが事業の執行についてAに加えた損害を賠償する責任を負う（使用者責任を負う）。たとえ、Cの虚偽の説明が、Bの指示によるものでなくても、事業の執行として行われたのであれば、Bは損害を賠償する責任を負うので、本問は×だ。　　　　▶×

あ……
あの〜〜

社長
こちらの方が

おお、うちの
若いモンが
すまんな

②　会社の責任は、**社員自身に責任があることを前提**としているから、Cに不法行為責任が成立しないなら、Bにも責任がないことになる。　　　　▶○

あ…
あの〜

おう、うちの
若いモンが
何か？

Q3 加害者数人が、共同不法行為として民法第719条により各自連帯して損害賠償の責任を負う場合、その1人に対する履行の請求は、他の加害者に対してはその効力を有しない。

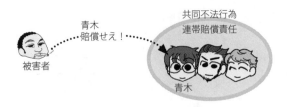

被害者 　青木賠償せえ！

共同不法行為
連帯賠償責任

青木

Q4 人の生命又は身体を害する不法行為による損害賠償請求権は、被害者又はその法定代理人が損害及び加害者を知った時から3年間行使しない場合、時効によって消滅する。

あ、今頃のこのこと！

きさまのせいで〜

あの事故からもう3年たったね時効になったから来たよ

ぉい！元気〜？

お見舞

A3
ぶく塾
265頁
マンガ
一頁

加害者（債務者）は連帯して損害賠償責任を負うことになる。そして、加害者のうちの1人に対して請求しても、請求の効力は他の加害者に及ばないことになっている。

►○

A4
ぶく塾
265頁
マンガ
一頁

不法行為による損害賠償請求権は、被害者またはその法定代理人が損害と加害者を知った時から3年間（人の生命または身体を害する不法行為の場合は知った時から5年間）行使しないときは、時効によって消滅する。►×

第2編 宅建業法

O or ✕ ?

取引士証

AOI

宅地建物取引業

宅地建物取引士

営業保証金

弁済業務保証金

重要事項の説明

報酬額の制限

他

1. 宅建業とは？

 Aが都市計画区域・準都市計画区域外において山林を山林として反復継続して売却する場合、Aは免許を受ける必要はないが、Bが原野を10区画に区画割りして宅地として分譲する場合、Bは免許を受ける必要がある。

売主Ⓐ

売主Ⓑ

 Aがその所有地をBに請け負わせて一団の宅地に造成して、宅地建物取引業者Cに販売代理を依頼して分譲する場合、Aは、免許を必要とするが、Bは、免許を必要としない。

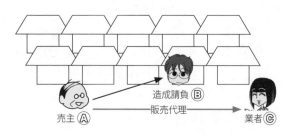

造成請負 Ⓑ

売主Ⓐ ──────販売代理──────▶ 業者Ⓒ

A1
らく塾
272頁
マンガ
121頁

両区域外には、用途地域は存在しないから、両区域外の土地で、建物が建っていないし、建物を建てる目的で取引されるのでもない土地は、宅地に当たらない。だから、そういう土地を反復継続して売却することは、**宅建業には当たらない**から、Aには免許は不要だ。次に、現状が原野であっても、宅地として分譲する場合には、**宅建業に当たる**から、Bには免許が必要だ。　　　　　　▶︎○

A2
らく塾
274頁
275頁
マンガ
122頁
123頁

代理人が行った契約の効力は、**直接本人に帰属**するから、**Aには免許が必要**だ。次に、宅地の造成は、①**売買**、②**交換**、③**貸借**のいずれにも当たらないから、Bは宅建業法でいう取引をやることにはならないので、免許は不要だ。　　　　　　　　　　　　　　　　　　▶︎○

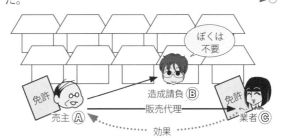

Q3 Aが自己所有の土地を10区画に区画割りして駐車場として賃貸する場合、Aは免許を受ける必要はないが、Bが駐車場ビル10棟を建設し、Cが媒介して1棟ずつ売却する場合、B及びCは免許を受ける必要がある。

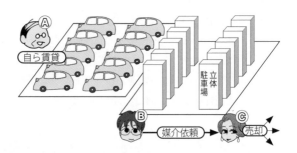

自ら賃貸

立体駐車場

B → 媒介依頼 → C → 売却

Q4 Aが競売物件である建物を自己用として購入する場合、Aは免許を受ける必要はないが、Bが営利を目的として競売物件である建物を購入し、宅地建物取引業者を介して反覆継続して売却する場合、Bは免許を受ける必要がある。

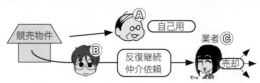

競売物件 → A 自己用

B 反復継続 仲介依頼 → 業者C 売却

Q5 Aが、用途地域内の自己所有の宅地を駐車場として整備し、その賃貸を業として行おうとしている。その賃貸契約を宅地建物取引業者の媒介により締結するとき、Aは免許を受ける必要はない。

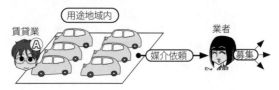

用途地域内

賃貸業A → 媒介依頼 → 業者 募集

A3
あく塾
274頁
275頁
マンガ
121頁
122頁

駐車場は、用途地域内なら宅地だが、用途地域外なら宅地ではない。しかし、いずれにせよ、Aは自ら貸借を行うのだから、宅建業法でいう取引を行うことにはならないから、Aには免許は不要だ。次に、駐車場ビルは、用途地域の内外いずれにあったとしても、**建物**に当たるから、それを反復継続して自ら売買するBにも、売買の媒介を行うCにも、免許が必要だ。　　▶○

	自　ら	代　理	媒　介
売　買	○	○	○
交　換	○	○	○
貸　借	×	○	○

A4
あく塾
275頁
マンガ
124頁
125頁

Aは、建物を反復継続して売買するのではないから、免許は不要だ。次に、Bは、建物を**反復継続**して売買するのだから、業者を介していても、免許が必要だ。　　▶○

競売　物件

A5
あく塾
274頁
マンガ
122頁

業者に媒介してもらおうと代理してもらおうと、A自身が貸主になる以上「自ら貸借」だ。　　▶○

月極駐車場

おれも
ようやく貸主だ

Aが、その所有する農地を区画割りして宅地に転用したうえで、一括して宅地建物取引業者Bに媒介を依頼して、不特定多数の者に対して売却する場合、Aは免許を必要としない。

 Aがその所有地にマンションを建築して、一括してBに売却し、Bが新聞広告により各戸の入居者を募集して賃貸する場合、A及びBは、ともに免許を必要とする。

 信託業法第3条の免許を受けた信託会社が宅地建物取引業を営もうとする場合には、国土交通大臣の免許を受けなければならない。

A6
ふく塾
275頁
マンガ
124頁
125頁

媒介の場合、契約自体は業者が行うのではなく、両当事者(売買契約なら売主と買主)が自分でやることになる。A自身が不特定多数の人を相手として契約を締結することになるので、Aは免許が必要だ。　►×

A7
ふく塾
274頁
275頁
マンガ
122頁
124頁
125頁

Aは、マンションを一括してBに売却するのだから、①不特定多数の人を相手として、②反復継続して取引を行うことにはならない。次に、Bは、①不特定多数の人を相手として、②反復継続して賃貸するが、**自ら貸借**をすることは、宅建業法でいう**取引には**当たらない。　►×

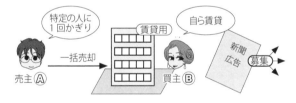

A8
ふく塾
276頁
マンガ
―頁

信託会社は国土交通大臣に届出をすれば、宅建業ができる。宅建業の免許を受ける必要はない。　►×

2. 免許と事務所

Q1 宅地建物取引業者（甲県知事免許）は、乙県内で一団の建物の分譲を行う案内所を設置し、当該案内所において建物の売買の契約を締結し、又は契約の申込みを受ける場合、国土交通大臣に免許換えの申請をしなければならない。

Q2 宅地建物取引業者A社（甲県知事免許）は、甲県の事務所を廃止し、乙県内で新たに事務所を設置して宅地建物取引業を営むため、甲県知事へ廃業の届けを行うとともに、乙県知事へ免許換えの申請を行った。

Q3 甲県知事の免許を受けている宅地建物取引業者Aが死亡した場合、Aの一般承継人は、Aが締結した契約に基づく取引を終了する目的の範囲内において、なお宅地建物取引業者とみなされる。

A1
らく塾
277頁
280頁
マンガ
128頁
129頁

大臣免許が必要なのは、2つ以上の都道府県内に事務所を設置する場合だ。だから、甲県知事免許の業者が乙県内に事務所を設置するのであれば、大臣免許に免許換えを申請しなければならない。しかし、甲県知事免許の業者が乙県内に設置するのは案内所だ。案内所は事務所ではないから、免許換えを申請する必要はない。　►×

A2
らく塾
280頁
マンガ
126頁
129頁

A社は、宅建業をやめるわけではないのだから、廃業の届出をする必要はない。ちなみに、「乙県知事へ免許換えの申請を行った」という点は正しい。　►×

A3
らく塾
282頁
マンガ
一頁

こういう場合には、業者の一般承継人（相続人のこと）を業者とみなし、故人が生前締結していた契約の履行に限って免許なしで取引をやりとげることが認められている。►○

宅地建物取引業者Ａ社（甲県知事免許）が親会社Ｂ社（国土交通大臣免許）に吸収合併された場合において、Ａ社の事務所をそのままＢ社の事務所として使用するときは、Ｂ社が事務所新設の変更の届出をすれば、Ａ社は、甲県知事に廃業の届出をする必要はない。

 甲県知事から免許を受けている宅地建物取引業者Ａ社の役員ａが退職し、後任にｂを充てた場合、当該役員の職が非常勤のものであっても、Ａ社は、甲県知事に変更の届出をしなければならない。

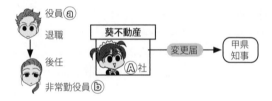

 甲県知事の免許を受けている宅地建物取引業者Ａが破産した場合、Ａの免許は、当該破産手続開始の決定を受けたときから、その効力を失う。

A4
らく塾
283頁
マンガ
一頁

合併の結果A社は**消滅**したのだから、A社の代表役員だった者は、甲県知事に廃業の届出をしなければならない。なお、これとは別にB社は、事務所が増えるのだから、変更の**届出**をしなければならない。　▶×

A5
らく塾
283頁
マンガ
一頁

届出対象となる役員には非常勤**も含まれる**ことに注意！　▶○

A6
らく塾
284頁
マンガ
一頁

破産の場合には、免許は、破産手続開始の決定があったときではなく、破産管財人による**届出のとき**に失効する。　▶×

2. 免許と事務所　139

免許権者は、免許に条件を付することができ、免許の
更新に当たっても条件を付することができる。

免許
あげても
いいけど

ひとつ
条件がある
わ

知事

ほう……

宅地建物取引業の免許の有効期間は5年であり、免許
の更新の申請は、有効期間満了の日の90日前から30
日前までの間に行わなければならない。

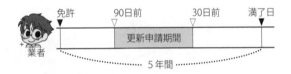

宅地建物取引業者A（法人）の非常勤の顧問であり、
Aに対し取締役と同等の支配力を有するものと認めら
れるBが、刑法第247条（背任）の罪により罰金の刑
に処せられたとき、このことを理由としてAの免許が
取り消されることはない。

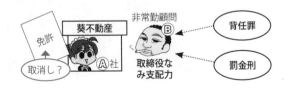

A7
らく塾
279頁
マンガ
一頁

免許権者は、免許に条件を付けることができる。また、免許の更新に当たっても条件を付けることができる（条件の例　取引状況の報告書を提出すること）。　►○

A8
らく塾
281頁
マンガ
129頁

免許の有効期間は5年だ（前半は○）。免許の更新の申請は、有効期間満了の日の90日前から30日前までの間にやらなければならない（後半も○）。　►○

A9
らく塾
286頁
289頁
マンガ
131頁
133頁

背任は暴力団系の犯罪だから、罰金でも欠格事由だ。そして、Bは非常勤顧問だが、取締役と同等の支配力を有するから役員に当たる。だから、Bの欠格事由はAの欠格事由だ。したがって、Aは免許取消処分だ。　►×

Q10 法人の役員のうちに刑法第211条（業務上過失致死傷等）の罪により3年間の懲役の刑に処せられている者がいる場合は、当該法人は免許を受けることができないが、判決に執行猶予がついていれば、直ちに免許を受けることができる。

役員

業務上過失致死傷・懲役 執行猶予付きなら？

Q11 個人Aは、かつて免許を受けていたとき、自己の名義をもって他人に宅地建物取引業を営ませ、その情状が特に重いとして免許を取り消されたが、その取消しの日から5年を経過していない場合、Aは免許を受けることができない。

Ⓐ ▼免許取消し ▼免許申請？
◀───5年間───▶

Q12 宅地建物取引業者は、従業者名簿の閲覧の請求があったときは、取引の関係者か否かを問わず、請求した者の閲覧に供しなければならない。

なあ、名簿見せてくれよお

いや！

あんた関係ないでしょ！

A10
らく塾
286頁
マンガ
131〜
133頁

懲役の刑に処せられて**執行猶予期間中**の役員がいる場合、法人は免許を受けることができない。ちなみに、執行猶予期間が**満了**すれば、直ちに免許を受けることができる。 ▶×

A11
らく塾
287頁
マンガ
132頁

業務停止事由に当たり**情状が特に重い**との理由で免許取**消処分**を受けた元業者は極悪だから、免許取消しの日から５年間はダメ（免許を受けることができない）。 ▶○

A12
らく塾
292頁
マンガ
136頁

業者は、取引の関係者から請求があったときは、従業者名簿を閲覧させなければならない。取引の関係者以外の者から請求があっても閲覧させる必要はないので、「取引の関係者か否かを問わず」とある本問は×だ。 ▶×

Q13 宅地建物取引業者は、その事務所ごとに従業者名簿を備えなければならないが、退職した従業者に関する事項は、個人情報保護の観点から従業者名簿から消去しなければならない。

短い間
でしたが

ありがとう
ございまし
た。

じゃあ
名簿から
消しとくね

Q14 法人である宅地建物取引業者A社の従業者であり、宅地建物取引業に係る営業に関し成年者と同一の行為能力を有する18歳未満の宅地建物取引士Bは、A社の役員であるときは、A社の専任の宅地建物取引士となることができる。

葵も
専任の
宅建士に
なりたい！

ね～♡

よし、
駅前の店の
役員にして
やろう

そうすれば…

葵ばっか！

おれも～！

Q15 宅地建物取引業者は、その主たる事務所に宅地建物取引業者免許証を掲げなくとも、国土交通省令に定める標識を掲げればよい。

宅地建物取引業者免許証
商　号　葵不動産株式会社
免許番号　○○県知事(1)第○○号
確かに免許をあげたよ。
○年○月○日
○○県知事　○○○○印

宅地建物取引業者票		
免許証番号	国土交通大臣 ( ) 第　号 知事	
免許有効期間	年　月　日から 年　月　日まで	
商号又は名称		
代表者氏名		

どっちを
掲示する？

え～と

A13
ろく塾
292頁
マンガ
136頁

「従業者でなくなったときは、その年月日」は、従業者名簿の記載事項だ（つまり、退職した年月日は従業者名簿に記載される）。本問のような「退職した従業者に関する事項は、従業者名簿から消去しなければならない」という規定はない。　　　　　　　　　　　　　　▶×

A14
ろく塾
291頁
マンガ
135頁

Bは未成年者だ。だから、原則として、A社の専任の宅建士になることができない。ただし、例外として、A社の役員であるなら、A社の専任の宅建士になることができる（未成年者であっても、役員であるなら、専任の宅建士とみなされる）。　　　　　　　　　　　　▶○

A15
ろく塾
290頁
マンガ
134頁
135頁

業者は、事務所ごとの見やすい場所に標識を掲示しなければならないが、免許証を掲示する必要はない。　　▶○

Q16 個人である宅地建物取引業者Aは、甲県に従業者（一時的な事務補助者を除く。以下同じ。）14人の本店、乙県に従業者7人の支店を有するが、支店を廃止してその従業者全員を、本店で従事させようとしている。免許換えにより甲県知事の免許を受けようとするときは、甲県の事務所に成年者である専任の宅地建物取引士を5人以上置く必要がある。

Q17 宅地建物取引業者A（個人）が、その業務に関する帳簿を、その閉鎖後2年を経過したので焼却した場合、宅地建物取引法の規定に違反しない。

Q18 宅地建物取引業者Aが一団の宅地の分譲の代理を他の宅地建物取引業者Bに依頼し、Bが案内所を設置して分譲の代理を行う場合、BはこのA内所にAの案内所の標識を掲げる必要はない。

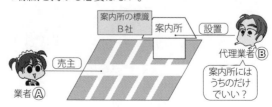

A16
ぶく塾
291頁
マンガ
135頁

甲県の事務所の従業者数は、21人になる。成年者である専任の宅地建物取引士は、**従業者5人に1人以上の割**合で置かなければならないから、5人以上置く必要がある。　　　　　　　　　　　　　　　　　　　　▶○

A17
ぶく塾
292頁
マンガ
136頁

帳簿の保存期間は閉鎖後5年間だ。なお、業者が自ら売主となる**新築住宅**に係るものは、保存期間は10年間だから念のため。　　　　　　　　　　　　　　　　▶×

A18
ぶく塾
294頁
マンガ
137頁

案内所の標識掲示義務はBだけにある。なお、**所在場所**の標識掲示義務はAだけにあるから念のため。　　▶○

※A18～A20については、246頁の表を参照

Q19 甲県知事の免許を受けている宅地建物取引業者Aが、丙県内において10区画の一団の宅地の分譲をすることとし、その販売の代理を乙県知事の免許を受けている宅地建物取引業者Bに依頼し、Bが現地に案内所を設置して業務を行うこととした。Bがこの案内所で契約等を行う場合、Aは一団の宅地の所在する場所に、Bは案内所に、標識を掲示しなければならず、Bはさらに、乙県知事及び丙県知事に案内所の届出をしなければならない。

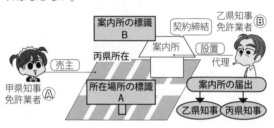

Q20 丙県内の一団の宅地10区画の分譲について、売主である宅地建物取引業者A（甲県知事免許）が宅地建物取引業者B（乙県知事免許）に販売代理を依頼し、Bが案内所を設けて売買契約の申込みを受ける場合、宅地建物取引業法の規定によれば、その案内所に成年者である専任の宅地建物取引士を置く義務は、Bのみにあり、Aにはその義務はない。

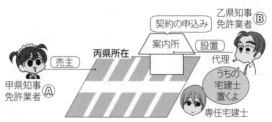

A19
らく塾
294頁
マンガ
137頁

まず、Aには所在場所の標識掲示義務がある。次に、Bには案内所の標識掲示義務がある。だから、標識掲示義務はA・B両方にある。**案内所で契約等を行う場合だけ両知事**への届出義務があり、届け出るのはB。　　►○

A20
らく塾
294頁
マンガ
137頁

成年者である専任の宅地建物取引士を1人以上設置する必要があるが、案内所を設置**する者**の義務だ。　　►○

Q21 宅地建物取引業者が、一団の宅地の分譲を行う案内所において宅地の売買の契約の締結を行う場合、その案内所には国土交通大臣が定めた報酬の額を掲示しなければならない。

社長～
報酬額表
ここでいいです
か～？

A21
あく塾
292頁
294頁
マンガ
136頁

業者は、事務所ごとに、公衆の見やすい場所に、報酬額を掲示しなければならない。案内所は事務所ではないから、報酬額の掲示は不要だ。　　　　　　　　　　▶×

1 権利

2 業法

3 法令上

4 その他

3. 宅地建物取引士

Q1 宅地建物取引士の業務を行うため、宅地建物取引士証の交付の申請をしようとする者は、その交付の申請前に宅地建物の取引に関する実務経験が2年以上あれば、都道府県知事の登録を受けた実務講習を受講する必要はない。

2年以上の実務経験あるよ

交付申請書

Q2 宅地建物取引士資格試験に合格した者でも、3年間以上の実務経験を有しなければ、宅地建物取引業法第18条第1項の登録を受けることができない。

3年も実務経験ない……

交付申請書

Q3 宅地建物取引業者Aは、その主たる事務所に従事する唯一の専任の宅地建物取引士が退職したときは、2週間以内に、宅地建物取引業法第31条の3第1項の規定に適合させるため必要な措置を執らなければならない。

こんな会社辞めます！

ばし、

辞表

A1
ぐく塾
296頁
マンガ
139頁

実務経験があれば受講しなくてもよいのは、登録を受ける際の国土交通大臣の登録実務講習だ。ちなみに、宅建士証の交付を受ける際の、**知事の講習**は、実務経験があろうがなかろうが受講しなければならない。なお、合格後1年以内の場合は受講しなくてよい。　►×

A2
ぐく塾
296頁
マンガ
139頁

① 実務経験は3年じゃなく2年でOKだし、
② 実務経験がゼロでも**大臣の登録実務講習**を受ければOK。　►×

A3
ぐく塾
291頁
マンガ
135頁

宅建士の数に欠員が生じたら、業者は2週間以内に補充しなければならない(必要な措置を執らなければならない)。　►○

Q4 未成年者は、宅地建物取引業に係る営業に関し成年者と同一の行為能力を有していたとしても、成年に達するまでは登録を受けることができない。

あたしはスーパー小学生なんだってば〜！

営業許可

登録申請書

知事

はいはい大人になったらね

Q5 甲県に本店を、乙県に支店を設けて国土交通大臣免許を受けている宅地建物取引業者Aは、甲県知事の登録を受けている宅地建物取引士Bを本店の専任の宅建士として従事させている。Bが住所を変更した場合には、Aはその旨を甲県知事を経由して国土交通大臣に届け出なければならず、Bは甲県知事に変更の登録を申請しなければならない。

転居しました B

甲県知事登録専任宅建士

甲県所在大臣免許業者 A

変更の登録

変 更 届

経由

大臣

Q6 甲県知事から登録を受けている者が破産者となった場合、本人が、その日から30日以内に、甲県知事にその旨を届け出なければならない。

破産しちゃった

届出

甲県知事

甲県知事登録宅建士

A4
ふく塾
298頁
マンガ
140頁
141頁

「営業に関し成年者と同一の行為能力を有する未成年者」は登録を受けることができる。登録を受けることができないのは「営業に関し成年者と同一の行為能力を有しない未成年者」だ。　►×

A5
ふく塾
283頁
301頁
マンガ
一頁

専任の宅建士Bの氏名が変更した場合には、Aは届け出なければならないが、Bの住所が変更してもAは届出の必要はない。なお、Bの住所が変更した場合には、Bは甲県知事に変更の登録を申請しなければならない。　►×

A6
ふく塾
301頁
マンガ
一頁

宅建士が破産手続開始の決定を受けた場合には、**本人が30日以内**に届け出なければならない。　►○

甲県知事から登録を受けている者が宅地建物取引士であって、甲県知事から事務の禁止の処分を受け、当該事務の禁止の期間中に登録の消除の申請をして消除された場合、その者は、当該事務の禁止の期間が満了すれば、再度登録を受けることができる。

 宅地建物取引業法第37条の書面については、宅地建物取引士が記名することを要し、建物の賃貸借の媒介の場合でも、これを省略することはできない。

 宅地建物取引士Aが知人に頼まれて無免許で宅地の売買の媒介を数回行った場合、Aは、その登録を消除されることがある。

A7
らく塾 300頁
マンガ 141頁

事務禁止処分の期間が満了するまでは、登録を受けられないが、事務禁止処分の期間が**満了**すれば、再度登録を受けられる。これは**かけこみ消除とは違う！**

▶○

A8
らく塾 382頁
マンガ 182頁

37条書面への記名は、**8種類ある取引態様**のいずれの場合にも、省略できない。　▶○

A9
らく塾 387頁
マンガ 131頁
141頁

無免許で宅建業を行うと、懲役、罰金だ。欠格事由を生ずることになるから、当然Aは**登録を消除される**ことになる。　▶○

宅地建物取引士Ａ（甲県知事登録）は、宅地建物取引業者Ｂ社を退職し、宅地建物取引業者Ｃ社に再就職したが、ＡはＢ社及びＣ社のいずれにおいても専任の宅地建物取引士ではないので、勤務先の変更の登録を申請しなくてもよい。

 登録を受けている者が精神の機能の障害により宅地建物取引士の事務を適正に行うに当たって必要な認知、判断及び意思疎通を適切に行うことができない者となった場合、本人がその旨を登録をしている都道府県知事に届け出ることはできない。

A10
らく塾
301頁
マンガ
一頁

勤務先の業者名（名称・商号と免許証番号）に変更があった場合、遅滞なく、登録先の知事に変更の登録を申請しなければならない（専任でなくても、申請は必要）。だから、勤務先を変更したAは変更の登録を申請しなければならない。　　　　　　　　　　　　　　　　　　▶×

勤務先は
登録事項だ！

一般の
宅建士でも
勤務先が
変わったら
届け出る！

登録簿
勤務先

A11
らく塾
301頁
マンガ
一頁

精神の機能の障害により宅建士の事務を適正に行うに当たって必要な認知、判断及び意思疎通を適切に行うことができない者となった（欠格者となった）場合は、「本人」か「法定代理人」か「同居の親族」が知事に届け出なければならない。本人も届出義務者なので、本問は×だ。
　　　　　　　　　　　　　　　　　　　　　　　　▶×

はい
確かに

ふっ

死亡等
届書

受付

宅地建物取引士（甲県知事登録）が、乙県に所在する建物の売買に関する取引において宅地建物取引士として行う事務に関し不正な行為をし、乙県知事により事務禁止処分を受けたときは、宅地建物取引士証を甲県知事に提出しなければならない。

事務禁止！宅建士証を提出しなさい！

はい！

……で誰に？

 宅地建物取引士（甲県知事登録）が、乙県に所在する宅地建物取引業者の事務所の業務に従事することとなったため、乙県知事に登録の移転の申請とともに宅地建物取引士証の交付の申請をしたときは、乙県知事から、有効期間を5年とする宅地建物取引士証の交付を受けることとなる。

よし今一緒に宅建士証の交付申請をすれば

有効期間が5年間伸びるんでしょ

これをくり返せば…

ニヤリ…

A12
あく塾
305頁
マンガ
一頁

甲県知事から宅建士証の交付を受けた宅建士が、乙県知事から事務禁止処分を受けたときは、速やかに、宅建士証を甲県知事に提出しなければならない。宅建士証は処分を受けた乙県知事ではなく、宅建士証の交付を受けた甲県知事に提出するのだ。　▶○

A13
あく塾
303頁
マンガ
142頁

移転後の知事は、旧宅建士証の有効期間が経過するまでの期間を有効期間とする宅建士証を交付しなければならない（新宅建士証の有効期間は、旧宅建士証の有効期間の残りの期間だということ）。5年ではない。　▶×

1 権利
2 業法
3 法令上
4 その他

4. 営業保証金

Q1 宅地建物取引業者Ａ（甲県知事免許）は、１棟50戸のマンションの分譲を行う案内所を甲県内に設置し、その旨を甲県知事に届け出た後、営業保証金を追加して供託せずに当該案内所において分譲を開始した。この場合、宅地建物取引業法の規定に違反しない。

Q2 宅地建物取引業者（事務所数１）がその事業を開始するため営業保証金として金銭及び地方債証券を供託する場合で、地方債証券の額面金額が1,000万円であるときは、金銭の額は、100万円でなければならない。

A1
らく塾
308頁
マンガ
145頁

業者は、**主たる事務所**については1,000万円、**従たる事務所**については1か所につき500万円の営業保証金を供託しなければならないが、案内所については供託する**必要はない。**　▶○

A2
らく塾
309頁
マンガ
145頁

事務所が1か所しかないなら当然それは主たる事務所だ。そして、**地方債証券**は額面金額の90%に評価されるから、現金で供託する残額は100万円ということになる。　▶○

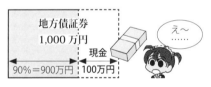

4. 営業保証金　*163*

Q3 免許権者は、宅地建物取引業者が宅地建物取引業の免許を受けた日から3月以内に営業保証金を供託した旨の届出をしないときは、その届出をすべき旨の催告をしなければならず、その催告が到達した日から1月以内に届出がないときは、当該宅地建物取引業者の免許を取り消すことができる。

Q4 宅地建物取引業者は、免許を受けても、営業保証金を供託し、その旨の届出をするまでは、宅地建物の売買契約をすることはもとより、広告をすることもできない。

Q5 宅地建物取引業者A（甲県知事免許）は、本店について1,000万円、支店1か所について500万円の営業保証金を、それぞれの事務所の最寄りの供託所に供託しなければならない。

A3
ふく塾 310頁
マンガ 一頁

免許権者は、業者が免許を受けた日から3カ月以内に届出をしないときは、届出をしろと催告をしなければならず、その催告が到達した日から1カ月以内に届出がないときは、免許を取り消すことができる。　►○

A4
ふく塾 309頁
マンガ 147頁

業者は、営業保証金を供託し、供託した旨を免許権者に届け出た後でなければ、営業（広告も含む）を開始できない。　►○

A5
ふく塾 311頁
マンガ 146頁 147頁

金額は正しいが供託先が×。主たる**事務所の最寄りの供託所**に、全額をまとめて供託する。　►×

宅地建物取引業者Ａ（甲県知事免許）が、営業保証金を金銭と有価証券で供託している場合で、本店を移転したため最寄りの供託所が変更したとき、Ａは、金銭の部分に限り、移転後の本店の最寄りの供託所への営業保証金の保管替えを請求することができる。

 宅地建物取引業者Ａから建設工事を請け負った建設業者は、Ａに対する請負代金債権について、営業継続中のＡが供託している営業保証金から弁済を受ける権利を有する。

 宅地建物取引業者Ａ（甲県知事免許）は、Ａの営業保証金の還付がなされたときは、その不足額を供託しなければならないが、その供託は、還付がなされれば、その旨の通知がなくても、行わなければならない。

A6
らく塾
311頁
マンガ
146頁
147頁

金銭＋有価証券で供託している場合は、営業保証金を新たに**供託**し直さなければならない。保管替えの請求をしなければならないのは、金銭だけで供託している場合だけだ。　►×

現金じゃ
なきゃムリ！

保管替え
は NO ！

また用意する
の〜!?

1000万円

A7
らく塾
313頁
マンガ
148頁
149頁

営業保証金から弁済を受けることができるのは、「宅建業の取引から生じた債権」だ。請負代金債権は、「宅建業の取引から生じた債権」ではないので、営業保証金から弁済を受けることはできない。　►×

請負代金
債権は
NO ！

姉さん
…

え〜〜！

A8
らく塾
313頁
マンガ
150頁

不足額を追加供託しなければならないのは、免許権者から不足通知を**受けてから2週間以内**だ。　►×

通知来ま
した？

通知が来て
から2週間
以内でいい
ですよ

供託金

受付

宅地建物取引業者Ａ（甲県知事免許）が、新たに甲県内に支店ｂを設置したが、同時に従来の支店ａを廃止したため、事務所数に変更を生じない場合、Ａは、新たに営業保証金を供託する必要はない。

 宅地建物取引業者Ａ（甲県知事免許）は、免許失効に伴う営業保証金の取戻しのため、Ａとの宅地建物取引業に関する取引により生じた債権を有する者（宅地建物取引業者に該当する者を除く。）に対し所定の期間内に申し出るべき旨の公告をしたときは、遅滞なく、その旨を甲県知事に届け出なければならない。

 宅地建物取引業者Ａ（甲県知事免許）は、宅地建物取引業保証協会の社員となったときは、還付請求権者に対する公告をせず、直ちに営業保証金を取り戻すことができる。

A9
らく塾 308頁
マンガ 145頁

営業保証金の額は、支店の数で決まる。本問の場合、支店の設置と同時に支店を廃止したのだから、支店の数は1か所のままだ。だから、Aは新たに営業保証金を供託する必要はない。　►○

A10
らく塾 315頁
マンガ 一頁

営業保証金の取戻しをしようとする者が公告をしたときは、遅滞なくその旨を免許権者に届け出なければならないことになっている。　►○

A11
らく塾 315頁
マンガ 151頁

業者Aが保証協会に加入すれば、債権者（還付請求権者）は安泰だからだ。　►○

5. 保証協会

Q1 保証協会は、一般財団法人でなければならない。

Q2 宅地建物取引業者A（事務所数1）は、保証協会に加入するため弁済業務保証金分担金を納付する場合、国債証券、地方債証券その他一定の有価証券をもってこれに充てることができ、国債証券を充てるときは、その額面金額は60万円である。

Q3 保証協会の社員である宅地建物取引業者Aが主たる事務所の他に3か所の従たる事務所を有している場合、Aは弁済業務保証金分担金として150万円の納付をしなければならない。

A1
ラ・ラ・ラ塾
317頁
マンガ
一頁

保証協会は、業者をメンバー（社員）とする**一般社団法人**だ。　　　　　　　　　　　　　　　　　　　　►×

A2
ラ・ラ・ラ塾
318頁
マンガ
152頁

弁済業務保証金分担金は、必ず金銭で納付しなければならない。営業保証金が有価証券でもOKなのと混同しないように注意！　　　　　　　　　　　　　►×

A3
ラ・ラ・ラ塾
318頁
マンガ
152頁

業者は主たる事務所については60万円、その他の事務所（従たる事務所）については、1カ所につき30万円の合計額を弁済業務保証金分担金として納付しなければならない。だから、Aは150万円（60万円＋30万円×3＝150万円）を納付しなければならない。　　►○

保証協会の供託した弁済業務保証金について弁済を受ける権利を有する者が、その還付請求をしようとする場合は、当該保証協会の認証を受けた後、法務大臣及び国土交通大臣の定める供託所に請求しなければならない。

保証協会は、当該保証協会に加入しようとする宅地建物取引業者から弁済業務保証金分担金の納付を受けたときは、その日から2週間以内に、その納付を受けた額に相当する額の弁済業務保証金を供託しなければならない。

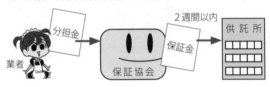

本店と3か所の支店を有する宅地建物取引業者A（甲県知事免許、令和6年の4月1日営業開始）が、同年6月2日において保証協会に加入し、弁済業務保証金分担金を納付したが、その後同年7月1日、宅地建物取引業者でないBから、同年5月1日のAとの不動産取引により債権が生じたとして、弁済業務保証金の還付請求があった。この場合、Bが還付を受けるには、その額について、甲県知事の認証を受けなければならない。

A4
らく塾
320頁
マンガ
一頁

お客さんは、まず、**保証協会**の「認証」（債権額の確認）を受けなければならない。その後でお客さんは、法務大臣及び国土交通大臣の定める供託所（東京法務局だ）に還付請求をすることになる。　▶○

A5
らく塾
319頁
マンガ
一頁

保証協会が、弁済業務保証金を供託するタイムリミットは、業者が弁済業務保証金分担金を保証協会に納付してから1週間**以内**だ。　▶×

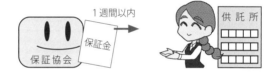

A6
らく塾
320頁
マンガ
153頁

認証をするのは、保証協会だ。免許権者ではない。　▶×

Q7 宅地建物取引業者が保証協会の社員となる前に、当該宅地建物取引業者に建物の貸借の媒介を依頼した者（宅地建物取引業者に該当する者を除く。）は、その取引により生じた債権に関し、当該保証協会が供託した弁済業務保証金について弁済を受ける権利を有しない。

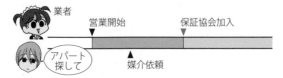

Q8 300万円の弁済業務保証金分担金を保証協会に納付して当該保証協会の社員となった者と宅地建物取引業に関し取引をした者（宅地建物取引業者に該当する者を除く。）は、その取引により生じた債権に関し、6,000万円を限度として、当該保証協会が供託した弁済業務保証金から弁済を受ける権利を有する。

Q9 保証協会の社員又は社員であった者が、当該保証協会から、弁済業務保証金の還付額に相当する還付充当金を当該保証協会に納付すべき旨の通知を受けたときは、その通知を受けた日から2週間以内に、その通知された額の還付充当金を当該保証協会に納付しなければならない。

A7
らく塾
320頁
マンガ
153頁

①業者が社員になった後にその業者と取引したお客さん（業者を除く）だけでなく、②業者が社員になる前にその業者と取引したお客さん（業者を除く）も還付を受けられる。 ►×

A8
らく塾
320頁
マンガ
153頁

還付の限度額は、「その業者が保証協会の**社員でないと**した場合の営業保証金の額」だ。

300万円の分担金＝本店60万円＋支店30万円×8
本店の他に支店8か所を有しているのだから、還付の限度額は、1,000万円（本店分）＋500万円×8（支店分）＝5,000万円。 ►×

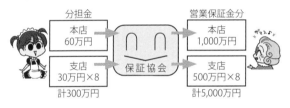

A9
らく塾
321頁
マンガ
153頁

業者が還付充当金を保証協会に納付しなければならないタイムリミットは、保証協会から納付通知を受けてから2週間以内だ。 ►○

Q10

保証協会は、宅地建物取引業者の相手方から社員である宅地建物取引業者の取り扱った宅地建物取引業に係る取引に関する苦情について解決の申出があったときは、その申出及びその解決の結果について社員に周知することが義務付けられている。

○×△÷□！

A10
らく塾
323頁
マンガ
一頁

保証協会が必ずやらなければならない業務（必須業務）は、①弁済業務、②苦情の解決、③研修の3つだ。そして、保証協会は、苦情の解決について申出があったときは、その申出及びその解決の結果について社員に周知することが義務付けられている。　►○

6. 業務上の規制

Q1 宅地建物取引業者は、宅地建物取引業を営まなくなった後においても、本人の承諾のある場合でなければ、その業務上取り扱ったことについて知り得た秘密を他に漏らしてはならない。

| しょうがない | 実はね | きゃー |

Q2 宅地建物取引業者Aが、建物の貸借の媒介をするに当たり、当該建物の近隣にゴミの集積場所を設置する計画がある場合で、それを借主が知らないと重大な不利益を被るおそれがあるときに、Aが、その計画について故意に借主に対し告げなかったとしても、宅地建物取引業法に違反しない。

ゴミ集積計画地

ゴミ捨て場は予定だし言わなくてもいいや

業者Ⓐ

Q3 宅地建物取引業者Aの分譲する宅地が、10年後開通予定の地下鉄の複数の駅候補地の1つから徒歩5分の場所にある場合、Aは、「地下鉄の新駅まで徒歩5分」と記載したパンフレットにより契約締結の勧誘をすることができる。

新駅徒歩5分

業者Ⓐ

A1
らく塾
324頁
マンガ
154頁
155頁

業者は、引退後といえど正当事由がない限り守秘義務を負う。正当な理由は、本人の承諾に**限らない**。他にも、ケースバイケースでいろいろあり得る（裁判所で証言する場合等）。　►×

A2
らく塾
325頁
マンガ
154頁
155頁

業者が、重要な事項について、故意に事実を告げないと（黙秘すると）、違反となる。ゴミの集積場所の設置の計画は借主にとって重要な事項だ。だから、Aの行為は業法に違反する。　►×

A3
らく塾
325頁
マンガ
154頁
155頁

複数の駅候補地の1つが新駅になるかどうかは不明なはずなのに、新駅まで徒歩5分との断定的判断を示して**将来の交通の利便**について**誤解**を生じさせることは業法違反だ。　►×

宅地建物取引業者Aは、建物の売買の媒介に際し、買主に対して手付の貸付けを行う旨を告げて契約の締結を勧誘したが、売買契約は成立しなかった。この場合は、宅地建物取引業法に違反しない。

手付して
あげるから

分割でも
いいから

業者Ⓐ

助けると
思って〜

いや！
やっぱり
やめる

 宅地建物取引業者が、マンション販売の勧誘を電話で行った際に、勧誘に先立って電話口で宅地建物取引業者の商号又は名称を名乗らずに勧誘を行った。この行為は宅地建物取引業法の規定に違反する。

あなたの
ケ・イ・コ♥
ねぇ〜ン
マンション
買ってぇ♡

重説

 複数の区画がある宅地の売買について、数回に分けて広告するときは、最初に行う広告に取引態様の別を明示すれば足り、それ以降は明示する必要はない。

第3期の広告は
スペースあまり
ありません。

取引態様は
入れなくて
いいっすね

××広告

写真を
大きく
して！

そーねぇ…

A4
ゐく塾
326頁
マンガ
155頁

業者は、お客さんに手付金を貸し付けて、契約を勧誘してはならない。**勧誘したら、それだけでアウト。** ►×

A5
ゐく塾
325頁
マンガ
一頁

業者は、勧誘に先立って①業者名（商号または名称）、②勧誘を行う者の氏名、③契約の締結について勧誘をする目的である旨を告げずに、勧誘を行ってはならない。本問の業者は、①を告げてないので、違反となる。 ►○

A6
ゐく塾
328頁
マンガ
156頁
157頁

業者は、取引態様の別を広告をするときに明示しなければならない。そして、本問のように数回に分けて広告をするときは、すべての広告について取引態様の別を明示しなければならない。 ►×

分譲計画

第1期	第2期	第3期	第4期
売主	媒介	代理	売主

×× 広告

ああ〜

毎回
入れなきゃ

宅地建物取引業者Aは、新築分譲マンションを建築工事の完了前に売却する場合、建築基準法第6条第1項の確認を受ける前において、当該マンションの売買の広告及び売買契約の締結のいずれもすることはできない。

 宅地建物取引業者は、その業務に関する帳簿を備え、取引のあったつど、その年月日、その取引に係る宅地又は建物の所在及び面積その他国土交通省令で定める事項を記載しなければならないが、支店及び案内所には備え付ける必要はない。

A7
らく塾
330頁
マンガ
157頁

未完成の建物については、建築確認の後でなければ、売買の広告をすることもできないし、売買契約の締結をすることもできない。　　　　　　　　　　►○

A8
らく塾
292頁
マンガ
一頁

業者は事務所ごとに、業務に関する帳簿を備え、取引のあったつど、取引内容を記載しなければならない。だから、本店と支店には帳簿を備え付ける必要があるが、案内所には備え付ける必要はない。　　　　　　　　　　►×

7. 媒介契約

Q1

宅地建物取引業者Aが宅地建物取引業者でないBから
その所有地の売却の依頼を受け、Bと専属専任媒介契
約を締結した場合、Bは、当該物件の媒介の依頼を宅
地建物取引業者Cに重ねて依頼することはできないが、
Bの親族Dと直接売買契約を締結することができる。

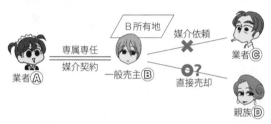

Q2

宅地建物取引業者Aは、宅地建物取引業法第34条の
2第1項の規定に基づき交付すべき書面に、宅地建物
取引士をして記名押印させなければならない。

A1
らく塾 333頁
マンガ 159頁

専属専任媒介契約というのは、①他の業者に二股をかけることも**禁止**されているし、②自己発見取引も**禁止**されているタイプの媒介契約だ。親族もダメ。 ►×

この子の母親なのにダメなの!?

とにかく当社を通してください!

専属専任

A2
らく塾 336頁
マンガ ―頁

媒介契約書（法第34条の2第1項の規定に基づき交付すべき書面）には、業者が記名押印しなければならない。必要なのは業者の記名押印であって、宅建士の記名押印ではない。 ►×

私（宅建士）じゃありません

業者の記名押印ですよ

おお そうか…

媒介契約書

宅地建物取引業者Ａが、ＢからＢ所有の中古マンションの売却の依頼を受け、Ｂと専任媒介契約を締結した。当該専任媒介契約の有効期間は、3カ月を超えることができず、また、依頼者の更新しない旨の申出がなければ自動更新とする旨の特約も認められない。

宅地建物取引業者Ａが、Ｂ所有の甲宅地の売却の媒介を依頼され、Ｂと専任媒介契約を締結した場合、ＡがＢに対して、当該専任媒介契約に係る業務の処理状況を14日（ただし、Ａの休業日は含まない。）に1回報告するという特約は有効である。

宅地建物取引業者Ａが、ＢからＢ所有の中古マンションの売却の依頼を受け、Ｂと専任媒介契約を締結した。Ａは、当該専任媒介契約の締結の日から7日（ただし、Ａの休業日は含まない。）以内に所定の事項を指定流通機構に登録しなければならない。

A3
らく塾 334頁
マンガ 158頁 159頁

専任媒介契約と専属専任媒介契約では、長期間依頼者を束縛しては気の毒だということで、有効期間は3カ月が限度となっているが、契約を更新することもできる。ただし、更新には依頼者からの申出が不可欠だ。だから、自動更新とする特約は無効だ。　►○

A4
らく塾 333頁
マンガ 158頁 159頁

専任媒介契約の場合、2週間（14日）に1回以上の割合で、業務処理状況を報告しなければならない。問題文の特約だと、たとえば、Aの休みが2日あったら「14日＋2日（Aの休み）＝16日」に1回の報告をすればOK、ということになってしまうので、**無効**だ。　►×

A5
らく塾 333頁
マンガ 158頁

専任媒介契約の場合、業者は、契約締結の日から7日（**休業日数は算入しない**）以内に登録しなければならない。
　►○

宅地建物取引業者A社が、Bから自己所有の宅地の売買の媒介を依頼された場合、A社は、Bとの間で専任媒介契約を締結したとき、当該宅地の売買契約が成立したとしても、その旨を指定流通機構に通知する必要はない。

依頼者B　業者A社

あの…？

指定流通機構

宅地建物取引業者Aは、貸主からマンションの貸借の媒介の依頼を受けて承諾した。Aが、媒介契約書を作成せず、貸主に交付しなかったとしても、違反しない。

借主を探してくれ

貸主

業者A

媒介契約書はいらないね

宅地建物取引業者Aが自ら売主となって行う工事完了前の分譲住宅の販売に関して、Aが宅地建物取引業者Bにこの分譲住宅の売却の媒介を依頼した場合、Bは、Aに対して媒介契約の内容を書面化して交付する必要はない。

売主業者A　え〜？

媒介業者B

同業者だ媒介契約書はいらないね

A6
らく塾
335頁
マンガ
一頁

A社は①登録番号、②取引価格、③売買契約成立年月日を、**遅滞なく**指定流通機構に**通知**しなければならない。

►×

A7
らく塾
336頁
マンガ
一頁

媒介契約書を交付しなければならないのは、売買と交換の場合だけだ。**貸借**は金額も低いことだし、口約束で**O Kということだ**。

►○

A8
らく塾
336頁
マンガ
一頁

売買と交換では、媒介契約書は、依頼者が業者の場合にも交付しなければならない。**業者間でも省略できない**。

►×

宅地建物取引業者が宅地又は建物の売買又は交換の媒介契約を締結したときに依頼者に交付すべき書面には、その媒介契約が国土交通大臣の定める標準媒介契約約款に基づくものであるか否かの別を記載しなければならない。

標準媒介契約約款かい？

依頼者

業者

え……？ええーと

 AがBとの間で一般媒介契約を締結した場合、AがBに対し当該宅地の価額又は評価額について意見を述べるときは、その根拠を明らかにしなければならないが、根拠の明示は口頭でも書面を用いてもよい。

高すぎます　なぜ？　女の勘
書面は？
ありません
業者Ⓐ　売主Ⓑ

A9
らく塾
337頁
マンガ
一頁

1 権 利

2 業 法

3 法令上

4 その他

書式を統一するために、国土交通大臣が定めた標準媒介契約約款というヒナ型があるが、それに基づく契約**かどうかを書く**ことになっている。　►○

業者は、売買価額について意見を述べるときは、その根拠を明らかにしなければならない。なお、根拠の明示は書面で行う必要はない。口頭でもOKだ。　►○

8. 報酬額の制限

宅地建物取引業者Aは、造成工事完了前の宅地を自ら売主として売却するため、他の宅地建物取引業者Bにその代理を依頼し、宅地建物取引業者Cに1億円で売却する契約を締結した。BがCから契約の締結に関し300万円の報酬を受け取ったときでも、Bは、Aから600万円の代理の報酬を受け取ることができる。ただし、報酬額についての消費税及び地方消費税は考慮しないものとする。

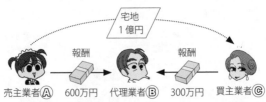

消費税の課税業者であるAが、消費税の課税業者である甲から依頼を受け、甲所有の価額2,000万円の宅地と価額1,760万円（消費税・地方消費税込み）の建物の売買契約を媒介して成立させ、甲から125万円の報酬を受領した。

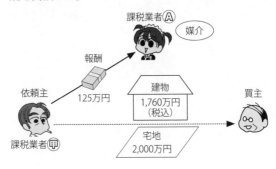

A1
ふく塾
340頁
マンガ
160頁

報酬額の制限は、業者間の取引にも適用される。だから、

（1億円×3％＋6万円）×2＝612万円

これがBがAC両方からもらえる報酬の合計の限度額
だ。だから、BがCから300万円もらったら、Aからは
312万円までしかもらえない。　　　　　　　►×

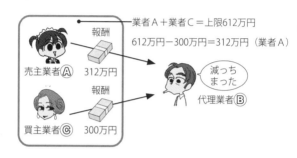

業者A＋業者C＝上限612万円

612万円－300万円＝312万円（業者A）

報酬
売主業者Ⓐ　312万円

報酬
買主業者Ⓒ　300万円

代理業者Ⓑ
（減っちまった）

A2
ふく塾
342頁
マンガ
一頁

消費税は、土地の売買には課税されないが、建物の売買
には課税される。「建物の価額（消費税抜き）1,600万
円＋土地の価額2,000万円＝3,600万円」が計算の基礎
になる。

　　　3,600万円×3％＋6万円＝114万円

Aは課税業者なので、これに消費税分10％を上乗せする。

　　　114万円×1.1＝125万4,000円

これがAが一方から受領できる報酬の限度額だから、A
は甲から125万円を受領してOK。　　　　　　►○

建物は
まず消費税抜き
で計算

出てきた報酬額に
消費税を加算

消費税　本体価格

消費税　報酬

Q3　宅地建物取引業者A（消費税課税事業者）は、B所有の店舗用建物について、B及びCから媒介の依頼を受け、Bを貸主、Cを借主とする定期借家契約を成立させた。なお、1カ月分の借賃は13万円、保証金（Cの退去時にCに全額返還されるものとする。）は300万円とする。AがCから受け取ることができる報酬の限度額は、15万4,000円である。

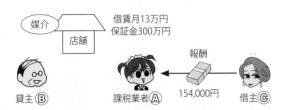

Q4　宅地建物取引業者A（消費税課税事業者）が単独で、貸主と借主双方から媒介を依頼され店舗用建物（借賃1カ月分10万円）の賃貸借契約を成立させた場合、双方から受けることができる報酬額の合計は借賃の1カ月分以内である。ただし、権利金（権利設定の対価として支払われる金銭であって返還されないものをいう。）の授受はないものとする。

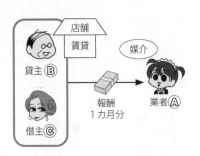

A3
ら〜く塾
342頁
345頁
346頁
マンガ
162頁
163頁

居住用建物以外（つまり、非居住用建物または宅地）の賃貸借で、権利金が支払われる場合には、権利金の額を売買価額とみなして、売買の計算方法で計算してよい。しかし、保証金は「**権利金**」ではないので、売買の計算方法で計算することは許されない。だから、AがCから受け取ることのできる報酬の限度額は、1カ月分の借賃13万円に消費税分の10%を上乗せした14万3,000円だ。▶×

A4
ら〜く塾
345頁
マンガ
162頁
163頁

賃貸借の媒介の場合、依頼者（貸主と借主）の双方から業者が受け取ることのできる報酬額の合計は、1カ月分の借賃額が限度（そして、本問の業者のような消費税課税事業者の場合は、消費税分を上乗せした1.1カ月分が限度になる）だ。また、貸主側と借主側から、いくらずつもらえるかという内訳には、原則として**制約はない**（10：0でも0：10でもOK）。ただし、例外として**居住用建物**の場合だけは、業者は、双方から借賃の半月分ずつもらうことになっているが、この半月分ずつという内訳の比率も、媒介の依頼を受けるにあたって、**依頼者から承諾を得ていれば変更できる**。▶○

宅地建物取引業者Ａ（消費税課税事業者）が、宅地（代金300万円。消費税等相当額を含まない。）の売買の媒介について、通常の媒介と比較して現地調査等の費用が６万円（消費税等相当額を含まない。）多く要した場合、依頼者双方から合計で44万円を上限として報酬を受領することができる。

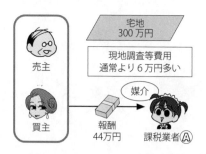

400万円以下だから、空家等の売買の規定が適用できる。本来の媒介の報酬額は300万円×4％＋2万円＝14万円だ。空家等の売買だから、売主側から受け取れる限度額は、この14万円に現地調査等の費用4万円を上乗せした18万円（消費税分を上乗せすると19万8,000円）だ。そして、買主側から受け取れる限度額は、14万円（消費税分を上乗せすると15万4,000円）だ。だから、依頼者双方から受け取れる限度額は、19万8,000円＋15万4,000円＝35万2,000円だ。　▶×

調査費
6万円も多く
かかったん
だよ

報酬＋調査費で
198,000円が
限度だ！

調査費は
ワシが持とう

まぁ♡

9. 自ら売主の8つの制限

(1) クーリング・オフ

Q1 宅地建物取引業者Aが自ら売主となって宅地の売買契約を締結した場合、買主Bが宅地建物取引業者でない場合、買受けの申込みがAの事務所で行われ、Aが宅地建物取引業法第37条の2の規定の適用について書面で説明しないときは、Bは、当該宅地の引渡しを受け、かつ、代金の全額を支払うまでの間、当該契約を解除することができる。

Q2 宅地建物取引業者Aが自ら売主として宅地建物取引業者でない買主Bと土地付建物の売買契約を締結した。BがAのモデルルームにおいて買受けの申込みをし、Bの自宅付近の喫茶店で売買契約を締結した場合は、Bは売買契約を解除することができない。

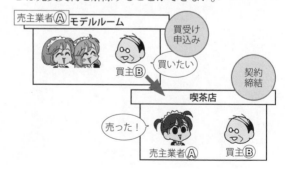

A1
ゴロ塾
352頁
マンガ
167頁

買受けの申込みの場所がAの事務所である以上、クーリング・オフの余地はない。後半の記述はヒッカケだから、無視すること。　　　　　　　　　　　　　　　　　　▶×

A2
ゴロ塾
352頁
マンガ
168頁
169頁

買主側の申込みの場所と契約の場所（売主側の承諾が行われた場所）が異なる場合は、買主側の**申込みの場所**で決まる。Bは、モデルルームで買受けの申込みをしている。モデルルームは土地に定着しているからクーリング・オフできない場所だ。だから、Bは、クーリング・オフできない。　　　　　　　　　　　　　　　　　　▶○

Q3 宅地建物取引業者Aが、自ら売主となり、宅地建物取引業者でない買主Bとの間で締結した宅地の売買契約について、Bは喫茶店において買受けの申込みをし、その際にAからクーリング・オフについて口頭で告げられ契約を締結した。この場合、Bは、当該契約の締結をした日の10日後においては、契約の解除をすることができない。

Q4 宅地建物取引業者Aが、自ら売主として、宅地建物取引業者ではないBとの間で宅地の売買契約を締結した。Bがクーリング・オフにより売買契約を解除した場合、当該契約の解除に伴う違約金について定めがあるときは、Aは、Bに対して違約金の支払を請求することができる。

A3
あく塾
354頁
マンガ
168頁
169頁

クーリング・オフができることを、業者から書面で**告げられた日**から**8日間経過**すると、クーリング・オフできなくなる。だから、書面で告げられていない場合は、いつまでもクーリング・オフができる。 ►×

A4
あく塾
356頁
マンガ
169頁

クーリング・オフの結果、たとえ業者が損害を受けたとしても、業者は、損害賠償や違約金の支払いを請求できない。 ►×

(2) 自己の所有に属さない物件の売買の制限

宅地建物取引業者Aは、農地の所有者Bと建物の敷地に供するため農地法第5条の許可を条件とする売買契約を締結したので、自ら売主として宅地建物取引業者ではない個人CとB所有の農地の売買契約を締結した。Aの行為は宅地建物取引業法の規定に違反する。

(3) 手付金等保全措置

宅地建物取引業者Aが自ら完成前の物件の売主となり、宅地建物取引業者Bに売却する場合、宅地建物取引業法第41条に基づく手付金等の保全措置は、適用される。

宅地建物取引業者Aは、自ら売主として、宅地建物取引業者でないBとの間で、建築工事が完了した1億円の新築マンションの売買契約を締結し、宅地建物取引業法第41条の2に規定する手付金等の保全措置を講じた上で、当該マンションの引渡し前に2,000万円を手付金として受領した。

A5
ら・く塾
357頁
マンガ
170頁
171頁

AB間の契約は条件付きだから、Aがこの農地を取得できるかどうかは不確実だ。だから、AはBの農地をCに売ることはできない。したがって、Aの行為は業法に違反する。　▶○

A6
ら・く塾
351頁
360頁
マンガ
166頁

業者間取引だから適用されない。　▶×

A7
ら・く塾
362頁
マンガ
172頁
173頁

業者Aは保全措置を講じた上で、シロートの買主Bから手付金を受け取っているので、宅建業法に違反しない。　▶○

Q8 宅地建物取引業者Aが、自ら売主として、宅地建物取引業者ではないBとの間で建物の売買契約を締結した。AB間で建築工事完了前の建物の売買契約を締結する場合において、売買代金の10分の2の額を手付金として定めた場合、Aが手付金の保全措置を講じていないときは、Bは手付金の支払を拒否することができる。

Q9 宅地建物取引業者Aは、自ら売主として、宅地建物取引業者でないBとの間で、建築工事完了前の建物に係る売買契約（代金5,000万円）を締結した。当該建物についてBが所有権の登記をしていない場合において、Aは、宅地建物取引業法第41条に定める手付金等の保全措置を講じた上で、Bから500万円を手付金として受領し、その後中間金として250万円を受領した。

A8
らく塾
362頁
マンガ
173頁

未完成物件で、代金の2/10だから（つまり、代金の5％を超えるから）、保全措置が必要だ。そして、保全措置が必要なのに、業者が保全措置を講じない場合、買主は、手付金等を支払わなくていい（支払わなくても債務不履行にならない）。　►○

A9
らく塾
363頁
366頁
マンガ
173頁
176頁
177頁

業者Aがシロートの買主Bから受け取れる手付の額は、代金の20％（本問の場合1,000万円）が限度なので、違反しない。また、Aは、代金の5％（本問の場合250万円）を超える額を受け取っているが、保全措置を講じた上で、手付金と中間金を受け取っているので、この点についても違反しない。　►○

宅地建物取引業者Aは、自ら売主として、宅地建物取引業者でないBとの間で、建築工事完了前の建物に係る売買契約（代金5,000万円）を締結した。当該建物についてBが所有権の登記をしていない場合において、Aは、宅地建物取引業法第41条に定める手付金等の保全措置を講じずに、Bから500万円を手付金として受領したが、当該措置を講じないことについては、あらかじめBからの書面による承諾を得ていた。

宅地建物取引業者Aは、自ら売主となって、買主Bと1億2,000万円のマンション（以下この問において「物件」という。）の売買契約（手付金1,500万円、中間金4,500万円、残代金6,000万円）を締結した。Bが宅地建物取引業者でない場合、物件の建築工事完了後に契約を締結し、その引渡し及び登記の移転を中間金の支払いと同時に行うときは、Aは、手付金を受け取る前に、手付金等の保全措置を講じなければならない。

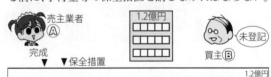

A10
らく塾
363頁
マンガ
172頁
173頁

未完成物件の場合は、代金の5％（本問の場合250万円）または1,000万円**を超える**手付金等を受け取る場合には、手付金等保全措置を講じなければならない。たとえ、Bから書面で承諾を得ていたとしてもだ。　►×

A11
らく塾
363頁
マンガ
172頁
173頁

完成物件の場合は、代金の10％**または1,000万円を超える**手付金等を受け取る場合には、手付金等保全措置を講じなければならない。つまり、Aは、手付金の1,500万円を**受け取る前**に、手付金等保全措置を講じなければならない。　►○

(4) 手付の制限

Q12 宅地建物取引業者Aが、自ら売主として、宅地建物取引業者ではないBとの間で建物の売買契約を締結する場合において、Aは、あらかじめBの承諾を書面で得た場合に限り、売買代金の額の10分の2を超える額の手付を受領することができる。

Q13 宅地建物取引業者Aが自ら売主としてマンション（価格1億7,000万円）の売買契約を宅地建物取引業者でない買主Bと締結した。このとき、手付は、解約手付として3,000万円とし、Aが契約の履行を完了するまでは、Bは、手付を放棄して契約の解除をすることができることとした。

A12
らく塾
366頁
マンガ
176頁
177頁

業者がシロートの買主から受け取れる手付の額は、代金の20%が限度だ。たとえ、買主の承諾を得ていても20%を超える手付金を受け取ってはダメだ。　►×

A13
らく塾
366頁
マンガ
176頁
177頁

売主業者・買主シロートの場合には、まず手付の額は代金の20%が限度となるが、その条件は満たしている。次に、解約手付について、民法の規定よりも買主に不利な特約は無効となるが、「売主Aが、契約の履行を完了するまでは、契約の解除をすることができる」という本問の特約は、民法の規定よりも**買主に**有利だから、宅建業法に違反しない。　►○

宅地建物取引業者Aが、自ら売主となり、宅地建物取引業者でない買主Bとの間で、中古住宅及びその敷地である土地を、代金3,500万円、うち手付金500万円で売買契約を締結しようとする場合、相手方が契約の履行に着手するまでは、Bは手付金のうち250万円を放棄して、また、Aは1,000万円を現実に提供して、契約を解除することができる旨の定めをすることができる。

（5）損害賠償額の予定等の制限

 宅地建物取引業者Aが、自ら売主として、宅地建物取引業者ではないBとの間で建物の売買契約を締結した。AB間で建物の売買契約を締結する場合において、当事者の債務の不履行を理由とする契約の解除に伴う損害賠償の額についての特約を、代金の額の10分の2を超えて定めた場合、当該特約は全体として無効となる。

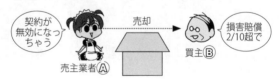

A14
らく塾
366頁
マンガ
176頁
177頁

原則として買主は500万円の手付金を放棄しなければ契約解除することができないのに、その半分の250万円でOKですよ、というのだから**買主に**有利な特約だ。また、売主Aが1,000万円を現実に提供して契約を解除するというのは、要するに「売主は500万円の倍返しで契約解除できる」という原則どおりの話だ。　　　　　▶○

A15
らく塾
367頁
マンガ
176頁
177頁

20％を超える特約を定めても、特約全体が無効となるのではない。「20%を超える」部分が無効になる。

▶×

Q16 宅地建物取引業者Ａが、自ら売主として、宅地建物取引業者でないＢに対し宅地（造成工事完了済み。分譲価格5,000万円）を分譲しようとする場合、Ａは、「債務の不履行による契約の解除に伴う損害賠償の予定額を1,000万円とし、別に違約金を500万円とする」旨の特約をすることはできない。

（6）契約不適合担保責任の特約の制限

Q17 宅地建物取引業者相互間の宅地の売買に関して、売主は、売買契約において、契約不適合担保責任は一切負わないとの特約をした。

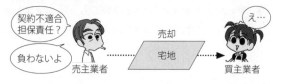

Q18 宅地建物取引業者Ａが、自ら売主として、宅地建物取引業者でないＢとの間で甲建物の売買契約を締結する場合、Ａは、Ｂが甲建物の契約不適合を通知すべき期間を甲建物の引渡しの日から２年間とする特約を定めることができる。

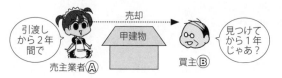

A16
らく塾
367頁
マンガ
176頁
177頁

売主業者・買主シロートのパターンだ。損害賠償額の予定と違約金の約定の合計額が代金の20%（本問の場合1,000万円）**が限度**だ。　▶○

損害賠償の
予定20%で

違約金10%
にすれば

合計で20%
以内だ！

一度の
債務不履行で
2度おいしい

頭が…！

けーやくしょ

A17
らく塾
351頁
369頁
マンガ
166頁
175頁

業者間の取引だから、契約不適合担保責任について、民法の規定より買主に不利な特約も宅建業法に違反しない。　▶○

契約不適合
担保責任は
負わないよ

あんなこと
言ってるよ〜

ホテルズは！？

おまえも
業者だろう

A18
らく塾
369頁
マンガ
174頁
175頁

業者が自ら売主となって、シロートの買主と契約する場合には、原則として、民法の規定より買主に不利な特約をしても無効だ。しかし、例外として、契約不適合担保責任の通知期間を「引渡しの日から**2年以上の期間内**」とする特約だけは、民法の規定より買主に不利だが、有効だ。　▶○

引渡しから
2年間で
許して

あんなこと
言ってる

ホテルズは！？

大目に見て
やれ

これっぽっかりは

（7）割賦販売契約の解除の制限

 宅地建物取引業者が自ら売主となる宅地の割賦販売の契約において、宅地建物取引業者でない買主が賦払金の支払いの義務を履行しなかった場合、当該宅地建物取引業者は30日以上の相当の期間を定めてその支払いを書面で催告し、その期間内にその義務の履行がなされないときでなければ、賦払金の支払いの遅滞を理由として当該売買契約を解除することはできない。

 宅地建物取引業者Aが、自ら売主となり、宅地を売買する場合、宅地建物取引業者でない買主Bとの割賦販売契約において、「Bが割賦金の支払いを40日以上遅延した場合は、催告なしに契約の解除又は支払時期の到来していない割賦金の支払いを請求することができる」と定めた契約書の条項は有効である。

A19
らく塾
370頁
マンガ
177頁

割賦販売の場合、シロートの買主が、ローンの返済を遅滞したときは、業者は、①**30日以上**の相当の期間を定めて、②**書面で催告**し、それでも支払いがない場合に限って契約の解除ができる。30日と書面がポイントだ。▶○

A20
らく塾
370頁
マンガ
177頁

割賦販売の場合、シロートの買主が、ローンの返済を遅延したときは、業者は、①**30日以上**の相当の期間を定めて、②**書面で催告**し、それでも支払いがない場合に限って契約の解除や残金（割賦金）の一括請求ができる。催告なしに解除・残金の支払いを請求できるという特約は、買主に不利な内容だから無効だ。　　　　　▶×

（8）所有権留保の制限

自らが売主である宅地建物取引業者Aと、宅地建物取引業者でないBとの間での売買契約に関して、Aは、Bとの間で宅地の割賦販売の契約（代金3,000万円）を締結し、当該宅地を引き渡した。この場合において、Aは、Bから1,500万円の賦払金の支払いを受けるまでに、当該宅地に係る所有権の移転登記をしなければならない。

1,500万円までに移転登記するね

3,000万円

1,500万円

売主業者Ⓐ

買主Ⓑ

A21
らくらく塾
371頁
マンガ
177頁

業者が自ら売主となって、シロートに割賦販売を行う場合には、受け取る金額が代金の30％（本問の場合は900万円）以下なら所有権を留保してもよいが、その後はダメだ（ただし、業者が代金の30％を超える支払いを受けても、買主が残代金を担保するための抵当権の登記を申請する見込み等がないときは、業者は、所有権を留保してもよい）。　▶×

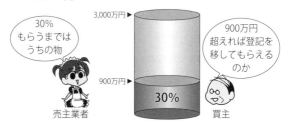

10. 重要事項の説明

(1) 説明と記載事項

Q17 宅地の売買の媒介において、当該宅地の周辺環境について買主の判断に重要な影響を及ぼす事実があったため、買主を現地に案内した際に、宅地建物取引士でない宅地建物取引業者Aの従業員が当該事実について説明した。

Q22 宅地建物取引業者Aが、貸主Bと宅地建物取引業者ではない借主Cの間の建物貸借契約の締結を媒介した。Aは、Cが他の物件をも探索していたので、宅地建物取引士をして重要事項を口頭で説明したが、その数日後、CからAに対し電話で「早急に契約を締結したい」旨の申出があったので、その日のうちにB及びCの合意を得て契約を成立させ、契約成立の日の翌日、Cに重要事項を記載した文書を郵送した。

解答にあたっては、重要事項説明書を電磁的方法により提供する場合については考慮しないものとします。

A1
らく塾
372頁
マンガ
180頁
181頁

重要事項の説明なら、宅地建物取引士が行わなければならない。しかし、本問は、**重要事項の説明ではない**ので、宅地建物取引士以外の者が行ってもOKだ。　►○

A2
らく塾
372頁
373頁
マンガ
179頁

重要事項の説明は、契約成立前に重要事項を記載した**書面を交付してしなければダメ**だ。契約成立後に書面を郵送するのは業法違反だ。　►✕

宅地建物取引士は、テレビ会議等のＩＴを活用して重要事項の説明を行うときは、相手方の承諾があれば宅地建物取引士証の提示を省略することができる。

ハイテク
駆使して
ますから

宅建士証の
提示しなくて
よろしいです
ね

 売主Ａ、宅地建物取引業者でない買主Ｂの間の宅地の売買について宅地建物取引業者Ｃが媒介をした。Ｃの従業者である宅地建物取引士がＢに対して重要事項説明を行う際に、Ｂから請求がなかったので、宅地建物取引士証を提示せず重要事項説明を行った。

買主Ⓑ 重要事項説明書 宅建士 媒介業者Ⓒ

ママ宅建士証
提示してない

 宅地建物取引業者Ａが、売主Ｂ、宅地建物取引業者でない買主Ｃとする建物の売買の媒介をした。Ａは、契約の解除に関する事項について売買契約が成立するまでの間にＣに説明しなかったが、そのことについて過失はあったものの故意はなかったので、この場合、宅地建物取引業法の規定には違反しない。

買主Ⓒ 重要事項説明書 宅建士 業者Ⓐ

ママ契約解除
説明してない

A3
らく塾 373頁
マンガ 180頁

テレビ会議等のITを利用して重要事項の説明ができる。この方法によるときも、宅建士証の提示は**必要**だ(宅建士がカメラに宅建士証をかざして、相手方は画面上で確認する)。　▶×

A4
らく塾 373頁
マンガ 179頁

宅地建物取引士は、重要事項の説明の際は、相手方からの請求がなくても宅地建物取引士証を**自主的に**提示する義務がある。　▶×

A5
らく塾 373頁
375頁
マンガ 179頁
181頁

解除に関する事項は、重要事項説明の対象だ。だから、契約成立前に**説明しなければならない**。過失でウッカリ説明し忘れたとしてもやはり業法違反だ。　▶×

Q6 宅地建物取引業者Aは、造成工事完了前の宅地を自ら売主として売却するため、他の宅地建物取引業者Bにその代理を依頼し、宅地建物取引業者でないCに1億円で売却する契約を締結した。この場合、Aは、宅地建物取引士をして、Cに対し重要事項説明をさせる義務はなく、Bがその義務を負う。

売主業者Ⓐ
宅建士
宅地
重要事項説明書
うちのに説明させる
代理業者Ⓑ
宅建士
説明
買主Ⓒ

Q7 宅地建物取引業者Aが、自ら売主として、宅地建物取引業者でないBと土地付建物の売買契約を締結しようとしている。Bが、当該建物の近所に長年住んでおり、その建物に関する事項を熟知していると言っている場合、Aは、Bに対して重要事項説明書を交付すれば、重要事項説明を行うことなく、売買契約を締結することができる。

よく知ってるから説明いらないわ
買主Ⓑ
重要事項説明書
宅建士
渡すだけね
売主業者Ⓐ

A6
らく塾
374頁
マンガ
一頁

Bは、代理業者として重要事項説明の義務を負うが、Aも、売主として重要事項説明の義務を負う。AB両方とも義務があるのだ。　　　　　　　　　　　　　▶×

A7
らく塾
374頁
マンガ
180頁

①重要事項説明書の**交付**と、②重要事項の**説明**は、どちらも**省略**できない。たとえ、買主が建物のことを熟知している、と言っている場合であってもだ。ちなみに、買主等が業者の場合には、重要事項の説明を省略できる（つまり、重要事項説明書の交付だけでいいということ）。　▶×

宅地建物取引業者が、重要事項説明をする場合、自ら売主として、マンション（建築工事完了前）の分譲を行うに当たり、建物の完成時における当該マンションの外壁の塗装については説明しなくてもよいが、建物の形状や構造については平面図を交付して説明しなければならない。なお、説明の相手方は宅地建物取引業者ではないものとする。

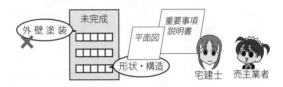

 宅地建物取引業者は、建物の売買において、その建物の種類又は品質に関して契約の内容に適合しない場合におけるその不適合を担保すべき責任の履行に関し保証保険契約の締結などの措置を講ずるかどうか、また、講ずる場合はその措置の概要を説明しなければならない。なお、説明の相手方は宅地建物取引業者ではないものとする。

A8
らく塾
375頁
マンガ
180頁
181頁

未完成の建物の場合、工事の完了時における内装と外装の説明をしなければならない。外壁の塗装は外装に含まれるから、外壁の塗装についても説明しなければならない（なお、未完成の物件の場合、図面を必要とするときは、図面を交付して説明する）。　　　　　　　　　　　►×

A9
らく塾
377頁
マンガ
181頁

契約の内容に適合しない場合に、①その不適合を担保すべき責任の履行に関し保証保険契約の締結などの措置を講ずるかどうかと、②講ずる場合は措置の概要を説明しなければならない（ちなみに、貸借なら説明不要だ）。
　　　　　　　　　　　　　　　　　　　　　　　　　►○

Q10 宅地建物取引業者は、市町村が取引の対象となる宅地又は建物の位置を含む水害ハザードマップを作成している場合、売買又は交換の媒介のときは重要事項説明の際に水害ハザードマップを提示しなければならないが、貸借の媒介のときはその必要はない。なお、説明の相手方は宅地建物取引業者ではないものとする。

自分の土地に
なるわけじゃなし

賃貸の人には
ハザードマップは
必要ないわね

Q11 建物の売買の媒介を行う場合、当該建物について、石綿の使用の有無の調査の結果が記録されているか照会を行ったにもかかわらず、その存在の有無が分からないときは、宅地建物取引業者自らが石綿の使用の有無の調査を実施し、その結果を重要事項として説明しなければならない。なお、説明の相手方は宅地建物取引業者ではないものとする。

ちょっと
何すん
ですか！

ベリベリ

なにって
石綿の
調査

Q12 重要事項説明に関して、当該宅地に、私道の負担がなかったので、私道に関しては、何も説明しなかった。なお、説明の相手方は宅地建物取引業者ではないものとする。

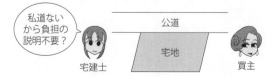

私道ない
から負担の
説明不要？

公道

宅地

宅建士

買主

A10
らく塾
375頁
マンガ
181頁

水害ハザードマップの説明（水害ハザードマップの提示）は、すべての取引において必要だ。だから、貸借の媒介のときも水害ハザードマップを提示しなければならない。 ▶×

A11
らく塾
377頁
マンガ
一頁

建物の場合は、石綿の使用の有無の調査の結果が**記録されているとき**は、その内容を説明しなければならない。ただし、業者自らが石綿使用の有無の調査を実施する義務はない。 ▶×

A12
らく塾
376頁
マンガ
181頁

宅地に私道の負担がなければ、「なし」と説明しなければならない。何も説明しないというのは宅建業法違反だ。 ▶×

Q13 建物の貸借の媒介において、建築基準法に規定する建蔽率及び容積率に関する制限があるときは、その概要を重要事項として説明しなければならない。なお、説明の相手方は宅地建物取引業者ではないものとする。

Q14 宅地建物取引業者が行う重要事項説明に関して、宅地の売買の媒介において、当該宅地に係る移転登記の申請の予定時期については、説明しなくてもよい。なお、説明の相手方は宅地建物取引業者ではないものとする。

Q15 宅地建物取引業者が、重要事項説明をする場合、事業用建物の賃貸借の媒介を行うに当たっても、居住用建物と同様に、台所、浴室等の設備の整備状況について説明しなければならない。なお、説明の相手方は宅地建物取引業者ではないものとする。

A13
らく塾
375頁
376頁
マンガ
181頁

建蔽率・容積率は、建物の貸借の場合は説明不要だ。建物の貸借以外（宅地の売買・交換・貸借と建物の売買・交換）の場合に説明が必要となる。　　　　　　　　　▶×

A14
らく塾
375頁
378頁
マンガ
181頁
182頁

移転登記の申請時期は、重要事項説明の段階では未定だから説明しないでOKだ。登記のことで、重要事項として説明しなければならないのは、**登記された権利の種類や内容**だ。　　　　　　　　　　　　　▶○

A15
らく塾
380頁
マンガ
一頁

建物の賃貸借の場合、居住用だけでなく、事業用の場合も、建物の設備（台所、浴室、便所等）について説明しなければならない。　　　　　　　　　　　　　▶○

Q16 宅地建物取引業者が行う重要事項説明に関して、建物の貸借の媒介において、当該貸借が借地借家法第38条第1項の定期建物賃貸借である場合、宅地建物取引業者は、貸主がその内容を書面で説明したときでも、定期建物賃貸借である旨を宅地建物取引業者でない借主に説明しなければならない。

定期建物賃貸借だ

貸主

定期建物賃貸借よ

重要事項説明書

宅建士　　　　　　借主

（2）区分所有建物特有の説明事項

Q17 宅地建物取引業者が、マンション（区分所有建物）の貸借の媒介に際して行う重要事項説明に関して、私道に関する負担についての事項を説明しなかった。なお、説明の相手方は宅地建物取引業者ではないものとする。

私道負担の説明不要？

重要事項説明書　賃貸・媒介

宅建士　　　　　　借主

Q18 宅地建物取引業者が、マンションの1戸の賃貸借の媒介を行うに際し、重要事項説明を行った。この場合、建物の区分所有等に関する法律に規定する専有部分の用途その他の利用の制限に関する規約の定め（その案を含む。）がなかったので、そのことについては説明しなかった。なお、説明の相手方は宅地建物取引業者ではないものとする。

利用規約ないのか…どうしよう

重要事項説明書　賃貸・媒介

宅建士　　　　　　借主

A16
らく塾
380頁
マンガ
一頁

定期建物賃貸借ならその旨も重要事項説明の対象だ。重要事項だから、貸主が説明しても**それとは別に**業者は宅地建物取引士に重要事項説明をさせなければダメ。　▶○

A17
らく塾
376頁
マンガ
181頁

私道の負担の有無は、建物の貸借の場合だけは説明不要だ。それ以外（宅地の売買・交換・貸借と建物の売買・交換）の場合に説明が必要となる。本問は区分所有建物の貸借の媒介だから説明不要だ。　▶○

A18
らく塾
378頁
マンガ
一頁

専有部分の利用制限規約（案しかない場合はその案）は、**ある場合に**説明すればよく、ない場合は説明しなくてOK。ちなみに、解除に関する事項は定めがなければ、「ない」と説明しなければならないが、それと違うから念のため。　▶○

宅地建物取引業者Aが、マンションの分譲に際して行う重要事項説明に関して、当該マンションの建物の計画的な維持修繕のための費用を特定の者にのみ減免する旨の規約の定めがある場合、Aは、宅地建物取引業者でない買主が当該減免対象者であるか否かにかかわらず、その内容を説明しなければならない。

マンションの分譲に際して、建物の計画的な維持修繕のための費用の積立を行う旨の規約の定めがある場合、宅地建物取引業者Aは、その内容を説明すれば足り、既に積み立てられている額については説明する必要はない。なお、説明の相手方は宅地建物取引業者ではないものとする。

A19
らく塾
378頁
マンガ
一頁

減免規約（管理費用や積立金を特定の者だけに減免・免除する規約のこと）は、**買主が減免対象者であるか否かにかかわらず**、その内容を説明しなければならない。

►○

A20
らく塾
379頁
マンガ
一頁

建物の維持修繕のための積立金については、積立金についての規約内容と、すでに積み立てられている額・滞納の額を説明しなければならない。

►×

11. 37条書面

Q1 売主A、宅地建物取引業者でない買主Bの間の宅地の売買について宅地建物取引業者Cが媒介をした場合、Cは、宅地建物取引士をして宅地建物取引業法第35条に基づく重要事項の説明を行わせたが、AとBの同意があったため、宅地建物取引業法第37条の規定に基づく契約内容を記載した書面を交付しなかった。

売主Ⓐ　宅地　買主Ⓑ

媒介業者Ⓒ　二人とも契約書いらないの？　宅建士　重要事項説明書

Q2 宅地建物取引業者相互間の宅地の売買に際して、売主は、宅地建物取引業法第37条第1項に規定する契約成立時に交付すべき書面の記載事項のうち、移転登記の申請の時期を省略した。

おじさんプロだし登記の時期省略したよ　売主業者　37条書面　買主業者

解答にあたっては、37条書面を電磁的方法により提供する場合については考慮しないものとします。

A1
らく塾
382頁
マンガ
182頁

たとえ、売主と買主の双方が、「37条書面は不要だ」と同意しても、業者は37条書面を省略することはできない。　►×

A2
らく塾
383頁
マンガ
182頁
183頁

37条書面には、移転登記の**申請時期**を必ず記載しなければならない。　►×

宅地建物取引業者は、その媒介により建物の貸借の契約を成立させた場合において、当該建物が既存の建物であるときは、建物の構造耐力上主要な部分等の状況について当事者の双方が確認した事項を37条書面に記載し、当該契約の各当事者に交付しなければならない。

借りる家のことだもんね

借家

37条書面

主要構造部分は…

業者

借主

 宅地建物取引業者Aがマンションの貸借の媒介を行ったとき、Aは、貸主が権利金の授受について定めていなかったので、宅地建物取引業法第37条の規定に基づく書面において権利金に関する事項を記載しなかった。

権利金はとらないの？

じゃあ37条書面に書かないよ

37条書面

賃貸マンション

媒介業者Ⓐ

貸主

 宅地建物取引業者が、その媒介により宅地の貸借の契約を成立させた場合、契約の更新に関する事項は、宅地建物取引業法第37条の規定に基づく契約内容を記載した書面において必ず記載すべき事項以外のものである。

借地

37条書面

契約更新の記載がないわ

え？

借主

業者

A3
らく塾
383頁
マンガ
182頁

「建物の構造耐力上主要な部分等の状況について当事者の双方が確認した事項」は、既存（中古）建物の売買・交換の場合の必要的記載事項だ。本問は貸借の媒介だから記載不要だ。　►×

A4
らく塾
383頁
マンガ
183頁

権利金は、「代金、交換差金、借賃」以外に授受される金銭に当たる。これは、任意的記載事項だ（定めがある場合は記載しなければならない事項だ）。だから、定めがない場合は、記載不要だ。　►○

A5
らく塾
383頁
マンガ
182頁
183頁

更新については、契約前に重要事項として説明されているから、**改めて37条書面に記載するまでもない。**　►○

12. 監督処分と罰則

国土交通大臣に宅地建物取引業を営む旨の届出をしている信託業法第3条の免許を受けた信託会社は、宅地建物取引業の業務に関し取引の関係者に損害を与えたときは、指示処分を受けることがある。

宅地建物取引業者Aが、宅地建物取引業の業務に関して、建築基準法の規定に違反して罰金に処せられた場合、これをもって業務停止処分を受けることはない。

甲県知事は、宅地建物取引業者A（甲県知事免許）に対して指示処分をしようとするときは、聴聞を行わなければならず、聴聞の期日における審理は、公開により行わなければならない。

A1
ゑ く 塾
276頁
385頁
マンガ
184頁

業務に関し取引の関係者に**損害**を与えたとき、または与えるおそれが大であるときは、指示**処分**を受けることがある。ちなみに、信託会社は免許がなくても宅建業ができる。 ►○

A2
ゑ く 塾
385頁
マンガ
186頁

業務に関し**宅建業法以外の法令**に違反し、業者として不適当と認められるときは、業務停止処分を受けることがある。業務に関して悪いことをしたのだから、業務停止処分を受けても仕方ないだろう。 ►×

A3
ゑ く 塾
384頁
マンガ
185頁

監督処分をするには、事前に公開の場で聴聞（言い分を聞いてやる手続き）をしなければならない。 ►○

国土交通大臣は、宅地建物取引業者Ａ（甲県知事免許）に対し宅地建物取引業の適正な運営を確保し、又は健全な発達を図るため必要な指導、助言及び勧告をすることはあっても、Ａの免許を取り消すことはできない。

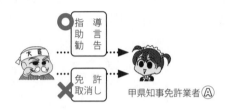

 甲県知事は、その登録を受けている宅地建物取引士が、他人に自己の名義の使用を許し、その他人がその名義を使用して宅地建物取引士である旨の表示をしたとき、当該宅地建物取引士に対し、必要な指示をすることができる。

A4
らく塾
384頁
386頁
マンガ
185頁

国土交通大臣は、すべての業者に指導・勧告・助言O
K。しかし、Aに免許を与えてはいないから取り消すこ
とはできない。それができるのは、免許権者の甲県知事
だけ。 ►○

A5
らく塾
384頁
386頁
マンガ
185頁

こういうのを、名義貸しという。宅地建物取引士が名義
貸しをした場合、登録権者である知事も現地の知事も、
宅地建物取引士に対して指示処分をすることができる。

►○

甲県知事の登録を受けているが宅地建物取引士証の交付を受けていないＡが、宅地建物取引士としてすべき事務を行った場合、情状のいかんを問わず、甲県知事はＡの登録を消除しなければならない。

宅建士証の交付が
間に合わなかった
んです〜…

それで つい…

登録削除

甲県知事

 宅地建物取引業者は、販売する宅地又は建物の広告に著しく事実に相違する表示をした場合、監督処分の対象となるほか、６月以下の懲役又は100万円以下の罰金に処せられることがある。

歩いて「30分」
じゃなくて
「十分」(物件)
じゅうぶん

近くにあるのは
雑貨店じゃなくて
「スーパー」(環境)

俺に
まかせろ〜

××広告

かき かき

A6
らく塾
296頁
マンガ
一頁

登録を受けてはいるが、まだ宅建士証の交付を受けてい
ない者が、宅建士としてすべき事務（重要事項の説明等）
を行い、情状が特に重い場合（悪質な場合）、知事は、
登録を消除しなければならない。知事が登録を消除しな
ければならないのは、「情状が特に重い」場合だ。だから、
「情状のいかんを問わず」とある本問は×だ。　　　►×

A7
らく塾
388頁
マンガ
184頁
186頁

誇大広告をすると、監督処分の対象となるほか、6カ月
以下の懲役または100万円以下の罰金に処せられること
がある。　　　　　　　　　　　　　　　　　　　►○

13. 住宅瑕疵担保履行法

 自ら売主として新築住宅を販売する宅地建物取引業者は、住宅販売瑕疵(かし)担保保証金の供託をする場合、宅地建物取引業者でない買主に対して供託所の所在地等について記載した書面の交付及び説明を、新築住宅を引き渡すまでに行えばよい。

 宅地建物取引業者は、自ら売主として新築住宅を販売する場合だけでなく、新築住宅の売買の媒介をする場合においても、住宅販売瑕疵(かし)担保保証金の供託又は住宅販売瑕疵(かし)担保責任保険契約の締結を行う義務を負う。

解答にあたっては、住宅販売瑕疵担保保証金の供託をしている供託所等を記載した書面を電磁的方法により提供する場合については考慮しないものとします。

A1
あく塾
392頁
マンガ
一頁

業者は、**新築**住宅の買主（業者を除く）に対し、当該売買契約**を締結する**までに、供託をしている供託所の所在地等について、これらの事項を記載した書面を交付して説明しなければならない。 ►×

A2
あく塾
391頁
マンガ
一頁

住宅販売瑕疵担保保証金の供託または住宅販売瑕疵担保責任保険契約の締結を行う義務があるのは、①業者が自ら売主で、かつ②買主が**シロート**の場合に限られる。だから、業者が売買の媒介をする場合は、この義務を負わない。 ►×

13. 住宅瑕疵担保履行法 *245*

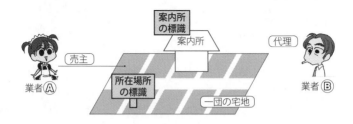

標識の掲示と案内所等の届出

	所在場所の標識掲示義務は誰にあるか？	案内所の標識掲示義務は誰にあるか？
Aが一団の宅地建物の案内所を設置しないで分譲	Ⓐ	－
Aが一団の宅地建物の案内所を設置して分譲	Ⓐ	Ⓐ
Aが一団の宅地建物の分譲の代理をBに依頼し、Bが案内所を設置しないで分譲の代理を行う	Ⓐ	
Aが一団の宅地建物の分譲の代理をBに依頼し、Bが案内所※を設置して分譲の代理を行う	Ⓐ	Ⓑ

もう一押し！

	案内所の届出義務は誰にあるか？	宅地建物取引士設置義務は誰にあるか？
→※の案内所で、Bが契約等を行う	Ⓑ	Ⓑ
→※の案内所で、Bと共にAも契約等を行う	Ⓐ Ⓑ A・Bどちらにもある	Ⓐ Ⓑ ただし、案内所は1か所しかないから、1人以上でOK（A・Bからそれぞれ1人以上出すのではない）

契約等＝「予約または契約」の申込みを受けることと、「予約または契約」の締結をすること。

第3編 法令上の制限

○ or ×？

都市
計画法

建築
基準法

国土利用
計画法

土地区画
整理法

農地法

盛土
規制法

他

PAPA

1. 都市計画法

(1) 都市計画全般

Q1 都市計画区域は、一体の都市として総合的に整備し、開発し、及び保全する必要がある区域等を指定するもので、一の市町村及び都府県の区域を超えて指定されることがある。

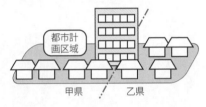

都市計画区域

甲県　　　乙県

Q2 都市計画区域については、無秩序な市街化を防止し、計画的な市街化を図るため、市街化区域と市街化調整区域との区分を必ず定めなければならない。

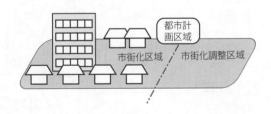

都市計画区域

市街化区域　市街化調整区域

都市計画法の問において「都道府県知事」とは、地方自治法に基づく指定都市、中核市及び施行時特例市ではその長をいいます。

A1
ふく塾
398頁
マンガ
189頁

都市計画の必要性は世の中の実情に応じて決まるから、都市計画区域は行政区画**とは無関係**に指定される。 ►○

A2
ふく塾
399頁
マンガ
188頁
190頁

都市計画区域で必ず線引き（都市計画区域を市街化区域と市街化調整区域に分けること）が行われるわけではない。この都市計画区域に指定されたのに**線引きしない区域**のことを非線引区域という（正式名称は「区域区分が定められていない都市計画区域」）。 ►×

1 権利　2 業法　**3 法令上**　4 その他

1. 都市計画法　*249*

都市計画は、都市の健全な発展と秩序ある整備を図るための土地利用、都市施設の整備及び市街地開発事業に関する計画であり、都道府県がこれを決定するときは、関係市町村の意見を聴き、かつ、都道府県都市計画審議会の議を経なければならない。

都市計画を決定したい
都道府県

意見
市町村

相談する
審議会

市町村が定める都市計画は、都道府県が定めた都市計画に適合することを要し、市町村が定めた都市計画が都道府県が定めた都市計画に抵触するときは、その限りにおいて、都道府県が定めた都市計画が優先する。

オレの言うとおりにしろ
オレの計画が優先だ
都道府県

え〜
市町村

第一種住居地域は、低層住宅に係る良好な住居の環境を保護するため定める地域であり、第二種住居地域は、中高層住宅に係る良好な住居の環境を保護するため定める地域である。

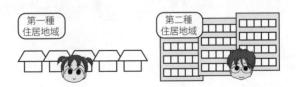

第一種住居地域

第二種住居地域

A3
らく塾
401頁
マンガ
192頁
193頁

都道府県が都市計画を決定するときは、①**関係市町村**の意見を聴き、②**都道府県都市計画審議会**の議を経て、③一定の場合には**国土交通大臣**に**協議**して同意を得る必要がある。　　　　　　　　　　　　　　　►○

A4
らく塾
401頁
マンガ
193頁

市町村が決定した都市計画が、都道府県または大臣が決定した都市計画と矛盾する場合には、都道府県や大臣が定めた都市計画が例外なく**優先**する。　　　　►○

A5
らく塾
403頁
マンガ
194頁

「**低層**住宅に係る良好な**住居**の環境を保護するために定める地域」は、第一種低層住居専用地域のことだ。また、「**中高層**住宅に係る良好な**住居**の環境を保護するために定める地域」は、第一種中高層住居専用地域のことだ。
　　　　　　　　　　　　　　　　　　　　　　►×

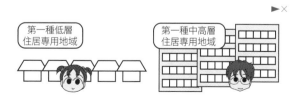

第一種低層住居専用地域　　第一種中高層住居専用地域

都道府県知事は、市街化区域内における開発行為について開発許可をする場合、当該開発区域内の土地について、建築物の建蔽率に関する制限を定めることができる。

開発許可するから

建蔽率は○%以下に

え〜

市街化区域

 田園住居地域内の農地の区域内において、土地の形質の変更を行おうとする者は、一定の場合を除き、市町村長の許可を受けなければならない。

田園住居地域

許可申請

農地

市町村長

 高度利用地区は、用途地域内において市街地の環境を維持し、又は土地利用の増進を図るため、建築物の高さの最高限度又は最低限度を定める地区である。

へえ〜

最高限度

最低限度

A6 ふく塾 404頁 416頁 マンガ 200頁

知事は、用途地域外での開発行為を許可するときは、建蔽率等を制限できる。そして市街化区域には必ず用途地域を定めることになっているので（つまり市街化区域は用途地域内なので）、知事は市街化区域での開発行為を許可するときに、建蔽率等を制限することはできない。 ►×

A7 ふく塾 409頁 マンガ 一頁

田園住居地域内の農地の区域内で、建築物の建築、土地の形質の変更等を行おうとする者は、一定の場合を除き、市町村長の許可を受けなければならない。 ►○

A8 ふく塾 405頁 マンガ 195頁

高度利用地区は、土地を高度に利用するための地区であり、そのために建蔽率の最高限度や、容積率の最高限度・最低限度や、建築面積の最低限度や、壁面の位置の制限を定める地区のことだ。 ►×

特別用途地区とは、特別の目的からする土地利用の増進、環境の保護等を図るため定める地区であり、用途地域が定められていない区域において定められるものである。

やっぱり

特別なところに?

特別用途地区

用途地域内?

用途地域外?

 市街化区域においては、少なくとも用途地域並びに道路、公園及び下水道を定めるほか、住居系の用途地域については、社会福祉施設をも定めなければならない。

公園

社会福祉施設

下水道

 地区計画は、建築物の建築形態、公共施設その他の施設の配置等からみて、一体としてそれぞれの区域の特性にふさわしい態様を備えた良好な環境の各街区を整備し、開発し、及び保全するための計画である。

ここは生け垣にして

あそこのマンションもあまり高くしないで

A9
らく塾
406頁
マンガ
195頁

特別用途地区を定めることができるのは、用途地域内だけに限られる。　▶×

用途地域の中のさらに特別な用途に

A10
らく塾
407頁
マンガ
196頁

住居系用途地域に社会福祉施設を定めなければならないということはない。ちなみに住居系用途地域に必ず定めなければならないのは義務教育施設だ。　▶×

A11
らく塾
409頁
マンガ
197頁

地区計画とは、ミニ開発による環境悪化を防止したりするために実施する**小さな街づくり計画**のことだ。なお、地区計画は、都市計画区域内であれば、用途地域内だけでなく、一定の場合用途地域外にも定めることができる。　▶○

1　権　利　2　業　法　3　法令上　4　その他

Q12 地区整備計画においては、建築物の建蔽率の最高限度を定めることができる。

敷地面積

ここまで！

建築面積

（2）開発許可

Q13 開発行為とは、主として建築物の建築の用に供する目的で行う土地の区画形質の変更をいい、建築物以外の工作物の建設の用に供する目的で行う土地の区画形質の変更は開発行為には該当しない。

建築物じゃないから

開発行為じゃないよね

知事

ゴルフ場建設予定地

Q14 区域区分の定めのない都市計画区域内において、遊園地の建設の用に供する目的で3,000㎡の土地の区画形質の変更を行おうとする者は、あらかじめ、都道府県知事の許可を受けなければならない。

遊園地？3,000㎡の

知事

ええ都市計画区域内に

土地の区画形質の変更を行おうとする者

A12
らく塾
410頁
マンガ
197頁

そのとおり。建蔽率の**最高限度**を定めることができる。

►○

A13
らく塾
412頁
マンガ
198頁

開発行為とは、①建築物の**建設**または②特定工作物の**建設**のために行う土地の区画形質の変更（土地の造成等）のことだ。　　►×

土地の造成が開発行為に当たる特定工作物の例

A14
らく塾
412頁
マンガ
198頁

1ヘクタール（10,000㎡）以上の遊園地なら、第二種特定工作物だ。しかし、本問の遊園地は3,000㎡なので、第二種特定工作物ではない。だから、3,000㎡の遊園地のために行う土地の造成は、**開発行為ではない**。したがって、許可は不要だ。　　►×

都市計画区域及び準都市計画区域外の区域内で行う開発行為で、開発区域の面積が1,000㎡以上のものについては、あらかじめ、都道府県知事の許可を受けなければならない。

市街化区域において、農業を営む者の居住の用に供する建築物の建築を目的とした1,500㎡の土地の区画形質の変更を行おうとする者は、都道府県知事の許可を受けなくてよい。

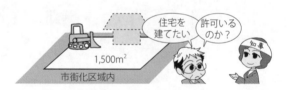

市街化調整区域内で行われる面積が1ha未満のミニゴルフコースの用に供する土地の区画形質の変更は、開発許可が不要である。

A15
らく塾
413頁
マンガ
199頁

両区域外（都市計画区域及び準都市計画区域外）での開発行為は、1ha（10,000㎡）以上であれば開発許可が必要になる。　　　　　　　　　　　　　　　　　►×

A16
らく塾
413頁
マンガ
199頁

農林漁業者の住宅は農林漁業用建築物だ。農林漁業用建築物を建てるための開発行為は、市街化区域以外の場合は、許可は不要だ。しかし、市街化区域の場合は、1,000㎡以上なら許可が必要だ。　　　　　　　　　　►×

A17
らく塾
413頁
マンガ
199頁

ゴルフコースは、規模不問で第二種特定工作物だから、本問の行為は開発行為に当たる。そして市街化調整区域の開発行為には、いくら小さくても原則として許可が必要だ。►×

1 権利　2 業法　3 法令上　4 その他

市街化調整区域内における図書館の建築の用に供する目的で行う3,000㎡の土地の区画形質の変更は、都市計画法による開発許可を受ける必要はない。

 開発許可を申請しようとする者は、当該開発行為をしようとする土地の相当部分について、所有権を取得していなければならない。

 都道府県知事は、開発登録簿を常に公衆の閲覧に供するように保管し、請求があったときは、その写しを交付しなければならない。

A18
らく塾
413頁
マンガ
199頁

図書館は、開発許可を受ける必要はない。　►○

A19
らく塾
415頁
マンガ
200頁

開発許可の申請には、地権者の相当数の同意さえ取りつければ、自分が**所有していない**土地の部分についてまで申請ができる。　►×

A20
らく塾
416頁
マンガ
201頁

開発登録簿は、誰でも見られるし、コピーももらえる。そうするのが知事の**義務**だ。　►○

都道府県知事は、用途地域の定められていない土地の区域における開発行為について開発許可をする場合において、必要があると認めるときは、当該開発区域内の土地について、建築物の高さに関する制限を定めることはできるが、壁面の位置に関する制限を定めることはできない。

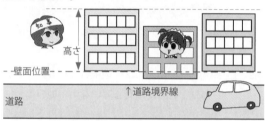

 開発許可を受けた者は、開発行為に関する工事を廃止した場合は、遅滞なく、その旨を都道府県知事に届け出なければならない。

 開発許可を受けた者の相続人その他の一般承継人は、被承継人が有していた開発許可に基づく地位を承継する。

A21
らく塾
416頁
マンガ
200頁

知事は、**用途地域外**での開発行為を許可するときは、建築物の高さだけでなく、**壁面の位置**についても制限を定めることができる。　►×

A22
らく塾
418頁
マンガ
一頁

開発行為を**廃止**したら（やめたら）、遅滞なくその旨を**知事に**届け出なければならない。　►○

A23
らく塾
418頁
マンガ
一頁

一般承継人は、被承継人と法律上同一人物とみなされるから、被承継人が有していた権利義務を、一切合切**そのまま**承継する（引き継ぐ）。　►○

開発許可の申請書には、当該開発行為により設置される公共施設を管理することとなる者の同意を得たことを証する書面を、添付しなければならない。

 開発許可を受けた開発行為により公共施設が設置されたときは、その公共施設は、工事完了の公告の日の翌日において、原則としてその公共施設の存する市町村の管理に属するものとされている。

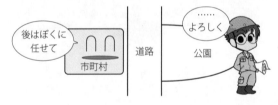

A24
らくらく塾
419頁
マンガ
202頁

開発許可の申請書には、①開発行為に関係のある今ある公共施設の管理者（市町村等）の「同意書」と、②開発行為によってこれから設置する予定の公共施設の管理者（原則として市町村）との「協議書」を添付しなければならない。　►×

両方もらえました

現管理者同意する

あっ、忘れた

申請書は？

これからの管理者協議した

知事

A25
らくらく塾
419頁
マンガ
202頁

開発行為によって設置された公共施設は、原則として市町村の管理に属する。ちなみに、例外は「他の法律に基づく管理者が別にあるとき」等だ。　►○

原則はボクだぞ

他にもいるよ

市町村

その他

公園

Q26 用途地域等の定めがない土地のうち開発許可を受けた開発区域内においては、開発行為に関する工事完了の公告があった後は、都道府県知事の許可を受ければ、当該開発許可に係る予定建築物以外の建築物を新築することができる。

Q27 市街化調整区域（開発許可を受けた開発区域を除く。）内においては、一定の建築物の新築については、それが土地の区画形質の変更を伴わない場合であっても、都道府県知事の許可を受けなければならない。

A26
ぶく塾
421頁
マンガ
203頁

用途地域等が定められていない土地で開発許可を受けた開発区域内では、工事完了公告後は、原則として、予定建築物以外は建築できない。しかし、例外として、知事の許可があれば、予定建築物以外を建築してOKだ。

►○

A27
ぶく塾
421頁
マンガ
203頁

タダの市街化調整区域では、建築物の新築には、原則として知事の許可が必要だ。

►○

2. 建築基準法

(1) 用途規制 ※特定行政庁の許可は考慮しないものとする。

Q1 第一種住居地域において、床面積が500㎡であるカラオケボックスは建築することができる。

絶対暗記! 建物の種類 ○ → 自由に建ててよい。 × → 特定行政庁の許可がない限り、建てられない。	①-1 第一種低層住居専用地域	①-2 第二種低層住居専用地域	①-3 田園住居地域	②-1 第一種中高層住居専用地域	②-2 第二種中高層住居専用地域	③-1 第一種住居地域	③-2 第二種住居地域	③-3 準住居地域
宗教関係（神社・寺院・教会）、公衆浴場、診療所、交番、保育所、幼保連携型認定こども園	○	○	○	○	○	○	○	○
住宅（共同住宅、下宿、老人ホーム、店舗付住宅、事務所付住宅を含む）図書館	○	○	○	○	○	○	○	○
幼稚園、小学校、中学校、高校	○	○	○	○	○	○	○	○
大学、高等専門学校等 病院	×	×	×	○	○	○	○	○
小規模（150㎡以下）の飲食店・店舗	×	○	○	○	○	○	○	○
中規模（500㎡以下）の飲食店・店舗	×	×	×	○	○	○	○	○
大規模（500㎡超）の飲食店・店舗	×	×	×	×	○	○	○	○
小規模車庫（2階以下かつ300㎡以下）	×	×	×	○	○	○	○	○
大規模車庫（3階以上または300㎡超）、営業用倉庫	×	×	×	×	×	×	×	○
自動車教習所	×	×	×	×	×	○	○	○
ホテル、旅館	×	×	×	×	×	○	○	○
ボーリング場、スケート場、プール	×	×	×	×	×	○	○	○
カラオケボックス、ダンスホール	×	×	×	×	×	×	○	○
マージャン屋、パチンコ屋、勝馬投票券発売所、射的場	×	×	×	×	×	×	○	○

1 権利 2 業法 3 法令上 4 その他

A1
らく塾
424頁
425頁
マンガ
205頁

カラオケボックスは、**1**－1（第一種低層住居専用地域）
～**3**－1（第一種住居地域）で×。　　　　　　　　　▶×

4	5	6	7	8	楽勝 ゴロ合せ
近隣商業地域	商業地域	準工業地域	工業地域	工業専用地域	
○	○	○	○	○	（人がいる限り必要な建物はどこでも OK）
○	○	○	○	×	週 **8** 日働かないと家は買えない （**8** だけ ×） 図書館は **8** 時に閉まる
○	○	○	×	×	ハ**ナ**子は小学生 （**7 8** だけ ×） _{8 7}
○	○	○	×	×	**イ**ヤ**ナ**大学病院 （**1 7 8** だけ ×） _{1 8 7}
○	○	○	○	×	飲食店では、まず「ビーール」（頭と尻が ×） 小・中・大で、いってみよう（小規模は頭の 1 つが ×、 _{1 3 4} 中規模は頭の 3 つが ×、大規模は頭の 4 つが ×）
○	○	○	○	○	小さな車庫でも **1** 人前 （**1** だけ ×）
○	○	○	○	○	大きな車庫を見においで （**3**－2までが ×） _{3－2}
○	○	○	○	○	**2** 人で通った教習所 （**1 2** だけ ×）
○	○	○	×	×	ホテルでダブルデート（両端が 2 つずつ ×）
○	○	○	○	×	ボーリングもスケートも、もうイヤ**二**なった（**1 2 8** だけが×） _{1 8 2}
○	○	○	○	○	**ミー**は、カラオケ好きザンス （**3**－1までが ×） _{3－1}
○	○	○	○	×	ヤ**ミイチ**で賭け事 （**3**－1までと**8**が ×） _{8 3－1}

（2）道路規制

 Q2 建築物の敷地は、原則として幅員4m以上の道路に接しなければならないが、この幅員については、地方の特殊性等により加重されることはない。

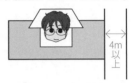

 Q3 幅員4m未満の道路は、建築物の敷地と道路との関係において、道路とみなされることはない。ただし、特定行政庁が都道府県都市計画審議会の議を経て指定する区域については考慮しないものとする。

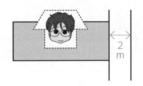

 Q4 建築物の敷地は、原則として道路に2m以上接していなければならないが、その敷地の周囲に広い空地を有する建築物その他の国土交通省令で定める基準に適合する建築物で、特定行政庁が交通上、安全上、防火上及び衛生上支障がないと認めて建築審査会の同意を得て許可したものについては、この限りではない。

A2
らく塾
426頁
マンガ
206頁
207頁

豪雪地帯等の地方の特殊性等によって特定行政庁が指定した区域では6m以上となる。　►×

A3
らく塾
426頁
マンガ
206頁
207頁

幅4m未満の道でも**都市計画区域・準都市計画区域**が指定されたときにすでに建物が**立ち並ん**でいて、かつ、特定行政庁の指定を受けると、道路とみなされる。　►×

A4
らく塾
427頁
マンガ
207頁

火災時の消火活動と避難に心配がないなら、2m以上接している必要がないから問題文のような例外が認められている。　►○

地方公共団体は、一定の建築物の用途又は規模の特殊性により必要があると認めるときは、条例で、建築物の敷地と道路との関係についての制限を緩和することができる。

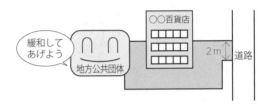

（3）防火地域・準防火地域

 建築物が防火地域及び準防火地域にわたる場合、建築物が防火地域外で防火壁により区画されているときは、その防火壁外の部分については、準防火地域の規制に適合させればよい。

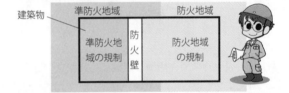

A5
ふく塾
427頁
マンガ
207頁

地方公共団体は一定の建築物（特殊建築物等）について、条例で接道義務を「付加」（2mより厳しくすること）できる。しかし、「緩和」（2mより甘くすること）はできない。　　　　　　　　　　　　　　　　　►×

A6
ふく塾
430頁
マンガ
208頁
209頁

建築物が防火地域と準防火地域にわたる場合は、厳しい方の規制である防火地域の規制が適用されるのが原則だが、例外として、防火壁により区画されているときは、その防火壁外の部分については、準防火地域の規制に適合させればOK。　　　　　　　　　　　　　　　　　►○

1 権 利
2 業 法
3 法令上
4 その他

(4) 建蔽率と容積率

Q7 都市計画により建蔽率の限度が10分の6と定められている近隣商業地域において、準防火地域内にある耐火建築物で、街区の角にある敷地又はこれに準ずる敷地で特定行政庁が指定するものの内にある建築物については、建蔽率の限度が10分の8となる。

敷地（角地）
耐火建築物
2/10プラスかな？
準防火地域
近隣商業地域（建蔽率6/10）

Q8 公園内にある建築物で、特定行政庁が安全上、防火上及び衛生上支障がないと認めて建築審査会の同意を得て許可したものについては、建蔽率制限は適用されない。

目いっぱい建てたい
安全上OK!
防火上OK!
衛生上OK!
特定行政庁
許可
同意
建築審査会
レストラン
公園

Q9 建蔽率の限度が80％とされている防火地域内にある耐火建築物については、建蔽率による制限は適用されない。

目いっぱい建てられる？
耐火建築物
建蔽率80％
敷地
防火地域

A7
ふく塾
433頁
マンガ
211頁

①準防火地域内にある耐火建築物なので、建蔽率が1/10プラスされる。また、②特定行政庁が指定する角地なので、建蔽率が1/10プラスされる（結局、①＋②で2/10プラスされる）。もともとの建蔽率は6/10で、そこに2/10分がプラスされ、8/10となる。　►○

A8
ふく塾
436頁
マンガ
一頁

公園内等の建物で、安全等に問題がないとして特定行政庁が建築審査会の同意を得て許可した場合には、建蔽率の制限が適用されない。つまり、無制限に建ててOK！　►○

A9
ふく塾
433頁
マンガ
211頁

防火地域内にある耐火建築物については、建蔽率が1/10プラスされる。ただし、指定建蔽率が8/10の場合は、建蔽率が2/10プラスされて10/10（無制限）になる。　►○

建築物の容積率の算定の基礎となる延べ面積には、老人ホームの共用の廊下又は階段の用に供する部分の床面積は、算入しないものとされている。

老人ホーム

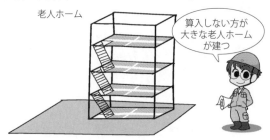

算入しない方が大きな老人ホームが建つ

 建築物の容積率の制限は、都市計画において定められた数値によるものと、建築物の前面道路の幅員に一定の数値を乗じて得た数値によるものがあるが、前面道路の幅員が12m未満である場合には、当該建築物の容積率は、都市計画において定められた容積率以下でなければならない。

都市計画で定めた容積率か

前面道路幅員による容積率か

幅員12m未満

A10
らく塾
436頁
マンガ
一頁

容積率を計算する場合、共同住宅や老人ホーム等の共用の廊下・階段の床面積はノーカウントだ（容積率の算定の基礎となる延べ面積には、算入しない）。 ►○

A11
らく塾
437頁
マンガ
213頁

前面道路の幅が12m未満の場合は、①都市計画で指定された指定容積率と②前面道路の幅のメートル数に一定の数値を掛けて（乗じて）得た数値を比較して、①と②の**小さい方**がその土地の容積率になる。 ►×

(5) 高さ制限、日影規制、斜線制限

 第二種低層住居専用地域内における建築物の高さの最高限度は、15m である。

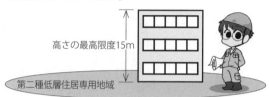

 第一種低層住居専用地域内における3階建ての住宅（高さ10m）は、特定行政庁の許可を得なければ、建てることができない。

 建築基準法第56条の2第1項の規定による日影規制の対象区域は地方公共団体が条例で指定することとされているが、商業地域、工業地域及び工業専用地域においては、日影規制の対象区域として指定することができない。

A12
らく塾
442頁
マンガ
216頁

15m ではない。10m または12m だ。　　　　　　►×

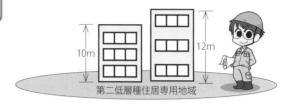

A13
らく塾
424頁
442頁
マンガ
205頁
216頁

第一種・第二種低層住居専用地域と田園住居地域では、建物の高さは10mまたは12m（どちらにするかは都市計画で定める）を超えてはならない。いずれにせよ、**10mジャスト**であれば特定行政庁の許可なく建てられる。また、住宅を建てられないのは、工業専用地域だけだから、用途規制上も問題ない。　　　　►×

A14
らく塾
444頁
マンガ
217頁

工業地域・商業地域・工業専用地域は、日影規制の対象とはならない。　　　　　　　　　　　　　　　►○

Q15 同一の敷地内に2以上の建築物がある場合において
は、これらの建築物を一の建築物とみなして、日影に
よる中高層の建築物の高さの制限が適用される。

Q16 商業地域内にある建築物については、法第56条の2
第1項の規定による日影規制は、適用されない。ただ
し、冬至日において日影規制の対象区域内の土地に日
影を生じさせる、高さ10mを超える建築物について
は、この限りでない。

Q17 建築物が第一種中高層住居専用地域と第二種住居地域
にわたる場合で、当該建築物の敷地の過半が第二種住
居地域内に存するときは、当該建築物に対して法第
56条第1項第3号の規定による北側斜線制限は適用
されない。

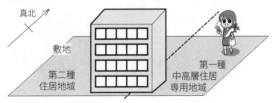

A15
らく塾
444頁
マンガ
一頁

同一の敷地に2つ以上の建物がある場合には、それらを1つの建物とみなして日影規制が適用される。つまり、単独なら規制対象とならないはずの建物まで、規制対象となってしまうわけだ。　►○

A16
らく塾
445頁
マンガ
一頁

日影規制の対象区域外の建物でも、①高さが10mを超えていて、②冬至の日に対象区域に日影を生じさせる建物は、対象区域内の建物とみなして日影規制が適用される。　►○

A17
らく塾
447頁
マンガ
一頁

第一種中高層住居専用地域内には、北側斜線制限が適用される。そして、建築物の一部分が第一種中高層住居専用地域内にある場合は、その一部分について北側斜線制限が適用される。　►×

田園住居地域に指定されている区域内の土地において
は、建築物を建築しようとする際、当該建築物に対す
る建築基準法第56条第1項第2号のいわゆる隣地斜
線制限の適用はない。

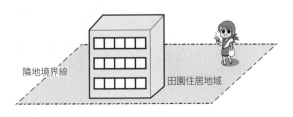

隣地境界線　田園住居地域

(6) 単体規定

 高さ25mの建築物には、周囲
の状況によって安全上支障が
ない場合を除き、有効に避雷
設備を設けなければならない。

25m

 居室の天井の高さは、一室で天井の高さの異なる部分
がある場合、室の床面から天井の最も低い部分までの
高さを2.1m以上としなければならない。

A18
ろく塾
447頁
マンガ
一頁

第一種・第二種低層住居専用地域、田園住居地域では、隣地斜線制限は適用されない。　►○

背が低い者同士固いこと言いっこなし

A19
ろく塾
449頁
マンガ
218頁
219頁

数値の問題。高さが20m を超えたら避雷針が必要。　►○

20m超

A20
ろく塾
449頁
マンガ
一頁

居室の天井の高さは、2.1m以上としなければならない。なお、一室で天井の高さの異なる部分がある場合は、その平均の高さが2.1m以上であればよい　►×

平均の高さ

Q21 防火地域又は準防火地域において、延べ面積が1,000㎡を超える耐火建築物は、防火上有効な構造の防火壁又は防火床で有効に区画し、かつ、各区画の床面積の合計をそれぞれ1,000㎡以内としなければならない。

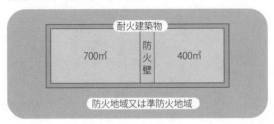

耐火建築物

700㎡ ／ 防火壁 ／ 400㎡

防火地域又は準防火地域

(7) 建築確認 ※都道府県知事が都道府県都市計画審議会の意見を聴いて指定する区域については考慮しないものとする。

Q22 高さが14mの木造の建築物を改築する場合、改築に係る部分の床面積が100㎡のときでも、建築主事又は指定確認検査機関の確認を受けなければならない。

改築するけど　建築確認いる？

14m　100㎡

Q23 都市計画区域内において、延べ面積が10㎡の倉庫を新築する場合、建築主事又は指定確認検査機関の確認を受けなければならない。

PAPA倉庫

新築するけど　建築確認いる？

延べ面積10㎡

都市計画区域内

A21
ふく塾 450頁
マンガ 219頁

耐火・準耐火建築物等**以外**の建築物の場合は、延べ面積が1,000㎡を超えるときは、内部を防火壁または防火床で区切り、各スペースが1,000㎡以下になるようにしなければならない。だから、**耐火建築物**の場合は、しなくてもOK。　▶×

A22
ふく塾 452頁
マンガ 221頁

木造建築物の場合には、高さが13mを超えたら、10㎡を超える改築について建築確認が必要だ。　▶○

A23
ふく塾 452頁
マンガ 221頁

都市計画区域・準都市計画区域、準景観地区で建物を**新築**する場合には、規模の大小を問わず建築確認が必要だ。　▶○

Q24 鉄骨造2階建て、床面積100㎡の1戸建ての住宅の大規模な模様替は、建築基準法の確認は不要である。

Q25 事務所の用途に供する建築物をホテル（その用途に供する部分の床面積の合計が300㎡）に用途変更する場合、建築確認は不要である。

Q26 防火地域内において建築物を増築する場合で、その増築に係る部分の床面積の合計が10㎡以内であるときは、建築確認は不要である。

A24
らく塾
452頁
マンガ
221頁

木造以外の建築物では、2階以上であれば、大規模建築物に当たり、床面積のいかんを問わず、大規模な模様替に建築確認が必要だ。　►×

A25
らく塾
452頁
マンガ
221頁

ホテルは特殊建築物だ。200㎡を超える特殊建築物に用途変更する場合は、建築確認が必要だ。　►×

A26
らく塾
452頁
マンガ
221頁

防火・準防火地域では、すべての建築物（規模・用途不問）の増改築・移転（10㎡以下でも）に建築確認が必要だ。　►×

Q27 木造３階建て、延べ面積400㎡、高さ12mの一戸建て住宅の建物の建築主は、新築工事を完了したときは、工事が完了した日から４日以内に到達するように、建築主事に検査を申請しなければならない。

Q28 木造３階建て（延べ面積300㎡）の住宅を新築する場合、建築主は、検査済証の交付を受けた後でなければ、検査の申請が受理された日から７日を経過したときでも、仮に、当該住宅を使用し、又は使用させてはならない。

A27
ぶぐ塾
454頁
マンガ
222頁

建築確認を得て行った工事が完了したら、建築主は、工事完了日から4日以内に届くように、建築主事に**工事完了検査**を申請しなければならない。　►○

完成したよ
早く見に
来てよ

それは
それは

受付

A28
ぶぐ塾
454頁
マンガ
222頁

大規模建築物（本問の木造3階建ての建物はこれに当たる）と**200㎡を超える特殊建築物**については、建築主は検査済証の交付を受けなければ使用できないのが原則だ。しかし、工事完了検査の申請が受理された日から7日を経過した場合は別だ。　►×

受理されて
から1週間
たちました

使うよ

すまんな

今忙しくて

(8) 建築協定

Q29 認可の公告のあった建築協定は、その公告のあった日以後に協定の目的となっている土地の所有権を取得した者に対しても、効力がある。

こんなところに純和風の我が家建てていいの？

オレが買った土地だかまわん！

Q30 建築協定を締結するには、当該建築協定区域内の土地（借地権の目的となっている土地はないものとする。）の所有者の、全員の合意が必要である。

土地所有者全員か……

やれやれ…

協定書

Q31 建築協定は、当該建築協定区域内の土地の所有者が1人の場合でも、定めることができる。

この土地にはオレしか所有者がいない

1人で建築協定作っちゃお♬

A29
らく塾
455頁
マンガ
223頁

いったん建築協定ができると、その後に（正確には認可公告日以後に）、①土地所有権、②借地権、③建物賃借権を取得した者にも、建築協定の**効力が及ぶ**。　▶○

A30
らく塾
456頁
マンガ
223頁

建築協定を締結するには、①土地所有者と、②借地権者の全員の**合意**が必要だ。ちなみに、借地権が設定されている土地については、借地権者の合意だけあればいい。土地所有者の合意は不要。ついでに覚えておこう。　▶○

A31
らく塾
456頁
マンガ
223頁

所有者が1人であっても、建築協定は定めることができる。　▶○

3. 国土利用計画法

Q1 土地売買等の契約を締結した場合には、当事者のうち当該契約による権利取得者は、その契約に係る土地の登記を完了した日から起算して2週間以内に、事後届出を行わなければならない。

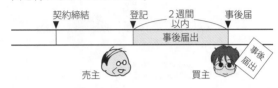

Q2 Aが所有する2,000㎡の甲地（市街化区域内にある。）とBが甲地に隣接して所有する1,000㎡の乙地（市街化区域内にある。）に係る土地取引について、Aが甲地で代々店舗を営んでおり、その駐車場用地として乙地をBから買い受けた場合、事後届出の必要はない。

Q3 Aが所有する監視区域内の土地（面積10,000㎡）をBが購入する契約を締結した場合、A及びBは事後届出を行わなければならない。

国土利用計画法第23条の届出を「事後届出」と、同法第27条の7の届出を「事前届出」といい、また地方自治法に基づく指定都市の特例については考慮しないものとします。

A1
ゑく塾
458頁
マンガ
224頁

権利取得者は、「契約後」2週間以内に届け出なければならない。なお、届出義務があるのは、当事者のうち**権利取得者**だけだ。 ►×

A2
ゑく塾
460頁
マンガ
225頁

乙地は、届出対象面積未満だから、届出の必要はない。売買の結果、甲地と乙地を合わせて3,000㎡の土地になるが、もともと、甲地はAの所有地であり、取引の対象となっていないのだから、届出は不要だ。 ►○

A3
ゑく塾
464頁
マンガ
229頁

監視区域の場合は、事前に届け出（契約を締結する前に届け出）をすることが必要だ。ちなみに、監視区域の場合は、届出義務者は両当事者なので、「A及びBが届出義務者である」という点は正しい。 ►×

1 権利 2 業法 3 法令上 4 その他

Q4 宅地建物取引業者Aが所有する都市計画区域外の13,000㎡の土地について、4,000㎡を宅地建物取引業者Bに、9,000㎡を宅地建物取引業者Cに売却する契約を締結した場合、B及びCはそれぞれ、その契約を締結した日から起算して2週間以内に事後届出を行わなければならない。

都市計画区域外

売主業者Ⓐ

9,000㎡

4,000㎡

事後届出

買主業者Ⓒ

事後届出

買主業者Ⓑ

Q5 都道府県知事は、事後届出に係る土地の利用目的及び対価の額について、届出をした宅地建物取引業者に対し勧告することができ、都道府県知事から勧告を受けた当該業者が勧告に従わなかった場合、その旨及びその勧告の内容を公表することができる。

A4
ら く 塾
460頁
マンガ
225頁

都市計画区域外の一団の土地を2つに分筆して別々の人に分譲した場合は、10,000㎡以上の部分を取得した人だけに届出義務がある。だから、BもCも届出は不要だ。

▶×

A5
ら く 塾
459頁
マンガ
224頁

知事は、事後届出に係る土地の利用目的について、勧告することができる。しかし、対価の額について、勧告することはできない。なお、「業者が勧告に従わなかった場合、その旨とその勧告内容を公表することができる」という後半部分の記述は正しい。

▶×

Aが所有する2,000㎡の甲地とBが甲地に隣接して所有する1,000㎡の乙地（いずれも市街化区域内にある。）に係る土地取引について、AとBが甲地と乙地を交換した場合、甲地について事後届出が必要である。

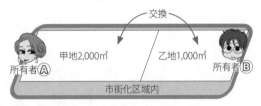

宅地建物取引業者Aが所有する準都市計画区域内の20,000㎡の土地について、10,000㎡をB市に、10,000㎡を宅地建物取引業者Cに売却する契約を締結した場合、B市は事後届出を行う必要はないが、Cは一定の場合を除き事後届出を行う必要がある。

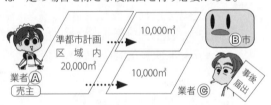

個人Aが所有する都市計画区域外の30,000㎡の土地について、その子Bが相続した場合、Bは、相続した日から起算して2週間以内に事後届出を行わなければならない。

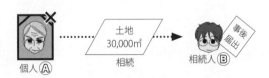

A6
ふく塾
462頁
マンガ
226頁

交換の場合には、届出対象面積以上の土地を**取得**した人
（B）**だけ**が届け出る。 ►○

A7
ふく塾
463頁
マンガ
227頁

契約当事者の一方または双方が国または地方公共団体
（都道府県・市町村）の場合、事後届出を行う必要はない。
だから、B市は事後届出を行う必要はないが、Cは事後
届出を行う必要がある。 ►○

A8
ふく塾
463頁
マンガ
227頁

届出が必要になる取引は、「所有権・地上権・賃借権を
対価を得て、設定・移転する合意」の場合だ。相続は、
対価も合意もないから、届出は不要だ。 ►×

4. 盛土規制法

 Q1 都道府県知事は、基本方針に基づき、かつ、基礎調査の結果を踏まえ、宅地造成、特定盛土等又は土石の堆積に伴い災害が生ずるおそれが大きい市街地若しくは市街地となろうとする土地の区域又は集落の区域であって、宅地造成等に関する工事について規制を行う必要があるものを、宅地造成等工事規制区域として指定することができる。

 Q2 宅地造成及び特定盛土等規制法にいう宅地は、建物の敷地に供せられる土地に限らない。

A1
ごく塾
466頁
マンガ
230頁

宅地造成等工事規制区域は、知事が指定する。　►○

私の指定

無視しない！

宅地造成等
工事規制区域

A2
ごく塾
466頁
マンガ
232頁

宅地とは①**農地等**（農地・採草放牧地・森林）、②**公共施設用地**（道路・公園・河川等に供されている土地）以外の土地のことだ。宅建業法上の宅地とは別物。だから、建物の敷地かどうかは全く関係ない。　►○

日本全国 ― 農地等 ― 公共施設用地

ここが
宅地

ほお

ほら

4. 盛土規制法　299

宅地造成等に関する工事の許可は、当該工事が請負契約の場合にあっては、当該請負契約の注文者が、受けなければならない。

 宅地造成等工事規制区域内において行われる宅地造成等に関する工事は、擁壁、排水施設の設置等、宅地造成等に伴う災害を防止するため必要な措置が講ぜられたものでなければならない。

 宅地造成等工事規制区域内にある公共施設用地を宅地又は農地等に転用する者は、転用する前に、都道府県知事の許可を受けなければならない。

A3
らく塾
467頁
マンガ
230頁

宅地造成等の工事の許可は、工事主が受ける。だから、宅地造成等に関する工事の請負契約の場合には、請負人ではなく、注文者（工事主）が許可を受けなければならない。　▶○

A4
らく塾
一頁
マンガ
一頁

宅地造成等工事規制区域内において行われる宅地造成等に関する工事は、がけくずれ防止等のために必要な措置を講じて行わなければならない。　▶○

A5
らく塾
472頁
マンガ
232頁
233頁

宅地造成等工事規制区域内で、公共施設用地を宅地または農地等に転用した場合、転用した日から14日以内に、知事に届け出なければならない（許可は不要、届出でよい）。　▶✕

4. 盛土規制法　*301*

宅地造成等に関する工事の許可を受けた者が、工事施行者を変更する場合には、遅滞なくその旨を都道府県知事に届け出ればよく、改めて許可を受ける必要はない。

 宅地造成等工事規制区域内で過去に宅地造成に関する工事が行われ、現在は工事主とは異なる者がその工事が行われた土地を所有している場合、当該土地の所有者は災害が生じないようその土地を常時安全な状態に維持するよう努める必要はない。

A6
らく塾
471頁
マンガ
232頁
233頁

宅地造成等の工事の許可を得た者が、工事計画に軽微な変更をした場合、**遅滞なく**知事に届け出なければならない（許可は不要、届出でよい）。ちなみに、工事施行者の変更は軽微な変更だ。　　　　　　　　　　　▶︎○

1 権 利
2 業 法
3 法令上
4 その他

A7
らく塾
472頁
マンガ
233頁

宅地造成等工事規制区域内の**土地**の所有者・管理者・占有者は、土地を常時安全な状態に維持するように努めなければならない。所有者が変わった場合は、新しく所有者となった者が、この安全維持努力義務を受け継ぐことになる。　　　　　　　　　　　▶︎×

都道府県知事は、宅地造成等工事規制区域内の土地の区域であって、土地の傾斜度、渓流の位置その他の自然的条件及び周辺地域における土地利用の状況その他の社会的条件からみて、当該区域内の土地において特定盛土等又は土石の堆積が行われた場合には、これに伴う災害により市街地等区域その他の区域の居住者その他の者の生命又は身体に危害を生ずるおそれが特に大きいと認められる区域を、特定盛土等規制区域として指定することができる。

特定盛土等規制区域内において行われる盛土であって高さ1.5mの崖を生ずることとなるものに関する工事については、工事主は、工事に着手する前に、都道府県知事の許可を受けなければならない。

A8
らく塾
473頁
マンガ
一頁

知事は、宅地造成等工事規制区域「外」の土地を特定盛土等規制区域に指定することができる。宅地造成等工事規制区域「内」においては、指定することはできないので、本問は×だ。　　　　　　　　　　　　　　　►×

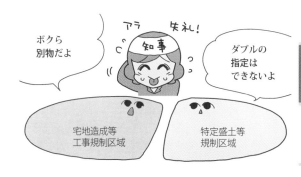

A9
らく塾
473頁
マンガ
一頁

宅地造成等工事規制区域の場合、「盛土で高さが1mを超えるがけを生じるもの」なら許可が必要だが、本問は特定盛土等規制区域だ。だから、許可は不要だ（ちなみに、特定盛土等規制区域の場合、「盛土で高さが2mを超える崖を生じるもの」なら許可が必要だ）。　　　►×

1 権利　2 業法　3 法令上　4 その他

4. 盛土規制法　305

5. 農 地 法

賃貸住宅を建てるため一度農地法の許可を受けた農地を、その後工事着工前に賃貸住宅用地として売却する場合、あらためて農地法の許可を受ける必要がある。

競売により農地の所有権を取得する場合、農地法の許可を受ける必要がある。

市街化区域内の農地を耕作の目的に供するために取得する場合は、あらかじめ農業委員会に届け出れば、農地法第3条第1項の許可を受ける必要はない。

A1
ぶく塾
477頁
マンガ
234頁
235頁

農地に賃貸住宅を建てることは、転用であり（4条の許可）、農地を賃貸住宅用地として売却することは転用目的権利移動だ（5条の許可）。この2つは**別のもの**だ。4条の許可を、5条の許可の代わりにすることはできない。　►○

A2
ぶく塾
478頁
マンガ
一頁

競売によって農地を取得する場合も、農地の所有権の移転だから、権利移動に当たり、3条の許可が必要だ。

►○

A3
ぶく塾
479頁
マンガ
235頁

3条の権利移動（農地を農地として売ること等）の場合は、市街化区域内にあっても、許可が必要で、あらかじめ農業委員会に届出をしてもダメだ。　►×

5. 農 地 法　307

耕作する目的で原野の所有権を取得し、その取得後、造成して農地にする場合には、農地法第3条第1項の許可を受ける必要がある。

 自己所有の農地に住宅を建設する資金を借り入れるため、当該農地に抵当権の設定をする場合には、農地法第3条第1項の許可を受ける必要がある。

 市街化調整区域内の4ヘクタールを超える農地について、これを転用するために所有権を取得する場合、農林水産大臣の許可を受ける必要がある。

A4
らく塾
477頁
478頁
マンガ
234頁
235頁

農地を農地として買う場合（権利移動）は、3条の許可を受ける必要がある。本問は、農地ではなく、**原野**を買う場合なので、3条の許可を受ける必要はない。　►×

A5
らく塾
477頁
マンガ
235頁

権利移動とは、所有権の移転だけではない。地上権、永小作権、賃借権、使用借権、質権の設定・移転も含む。しかし、抵当権は含まない。だから、農地に抵当権を設定する場合は、3条の許可は不要だ。　►×

A6
らく塾
478頁
マンガ
234頁
235頁

転用目的権利移動（5条）の許可権者は、知事等だ。どんなに面積が大きくても許可権者は知事等であって、農林水産大臣ではない。　►×

遺産分割により農地の所有権を取得する場合、農地法第3条第1項の許可を要しない。また、農業委員会に届け出る必要もない。

 市街化区域内の農地に住宅を建てようとする場合、事前に農業委員会へ届出を行えば、農地法の許可を受ける必要はない。

 市街化区域外の農地を6カ月間貸して臨時駐車場にする場合は、その後農地として利用するときでも、農地法第5条の許可を得る必要がある。

A7
らく塾
479頁
マンガ
235頁

遺産分割は、許可不要。遅滞なく農業委員会に**届け出れ**ばよい。家の中の問題だから、**家の中で処理しなさい**ということになっている。　　　　　　　　　▶×

A8
らく塾
479頁
マンガ
235頁

市街化区域内の農地の転用または転用目的権利移動の場合には、あらかじめ農業委員会に**届け出れ**ば、許可は必要なくなる。　　　　　　　　　　　　　　▶○

A9
らく塾
477頁
マンガ
234頁
235頁

6カ月間だけであっても、所有権の移転を伴わない賃借権や使用借権であっても、その間の収穫がゼロになる以上わが国の農業生産力を減少させることになるから、許可必要。　　　　　　　　　　　　　　　　　▶○

1　権　利　2　業　法　3　法令上　4　その他

5. 農　地　法　*311*

6. 土地区画整理法

Q1 土地区画整理事業の施行者は、換地処分を行う前において、換地計画に基づき換地処分を行うため必要がある場合においては、施行地区内の宅地について仮換地を指定することができる。

ここ！

仮換地　　施行者　　土地区画整理事業施行地区

Q2 仮換地が指定されても、土地区画整理事業の施行地区内の宅地を売買により取得した者は、その仮換地を使用することができない。

どこに住む？

NO?

指定された仮換地

購入した宅地

土地区画整理事業施行地区

Q3 土地区画整理事業の施行地区において仮換地の指定がされた場合、従前の宅地の所有者は、仮換地の指定により従前の宅地に抵当権を設定することはできなくなり、当該仮換地について抵当権を設定することができる。

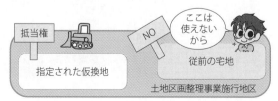

ここは使えないから

抵当権

NO

指定された仮換地

従前の宅地

土地区画整理事業施行地区

A1
ぶく塾
482頁
マンガ
236頁

施行者は、必要に応じて、住民に工事のじゃまにならない場所に引っ越してもらうことができる。仮換地とは、この引越し先の土地のことだ。　　　　　　　　　　►○

A2
ぶく塾
483頁
マンガ
237頁

仮換地が指定されると、仮換地の使用収益権は、従前の宅地の所有者**に属する**。だから、従前の宅地の所有権を取得した者は、仮換地を使用収益することができる。►×

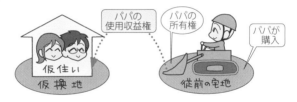

A3
ぶく塾
483頁
484頁
マンガ
237頁

仮換地の指定により従前の宅地の所有者は、従前の宅地の使用収益権**は失う**が所有権は失わないから、従前の宅地に抵当権を設定できる。また、仮換地については**使用収益権を取得するだけ**で所有権を取得するのではないから、抵当権を設定できない。前半も後半も誤りだ。　►×

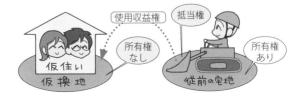

Q4 土地区画整理組合の設立の認可の公告があった日後、換地処分の公告がある日までは、施行地区内において、土地区画整理事業の施行の障害となるおそれがある土地の形質の変更を行おうとする者は、当該土地区画整理組合の許可を受けなければならない。

認可組合設立公告 ｜ 許可？ ｜ 整理組合 ｜ 公告換地処分

土地区画整理事業施行地区

Q5 土地区画整理事業の施行地区内の宅地について存する地役権は、行使する利益がなくなった場合を除き、換地処分に係る公告があった日の翌日以後においても、なお従前の宅地の上に存する。

換地処分公告後も有効？

承役地 ← 地役権 ← 要役地（従前の宅地）

土地区画整理事業施行地区

Q6 換地処分の公告があった場合においては、換地計画において定められた換地は、その公告があった日の翌日から従前の宅地とみなされ、換地計画において換地を定めなかった従前の宅地について存する権利は、その公告があった日が終了した時において消滅する。

土地区画整理事業施行地区

換地計画で定められた換地 ｜ 換地計画で換地を定めなかった従前の宅地

公告翌日から従前の宅地扱い ｜ 公告日に権利消滅

A4
らく塾
485頁
マンガ
一頁

施行地区内において、土地の造成（土地の形質の変更）を行おうとする者は、知事等の許可を受けなければならない。「土地区画整理組合」の許可ではないので、本問は×だ。　　　　　　　　　　　　　　　　　►×

こっちよ！

A5
らく塾
486頁
マンガ
238頁

換地処分公告があった日の24時に**行使する利益の**なくなった**地役権**は、消滅するが、それ以外の行使する利益のある地役権は、なお従前の宅地の上に存することとなる。　►○

例えば

通行地役権
➡立派な道路
ができて用が
なくなった。
＝消滅

眺望地役権➡まだ使えれば残る。

A6
らく塾
486頁
マンガ
238頁

換地処分公告があった日の翌日から、換地が**従前の宅地**とみなされる。また、換地計画において、換地を定めなかった従前の宅地について存する権利は、公告があった日が終了した時に消滅する。　　　　　　　　►○

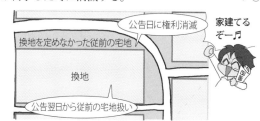

公告日に権利消滅
換地を定めなかった従前の宅地
換地
公告翌日から従前の宅地扱い
家建てるぞー♬

1 権利　2 業法　**3 法令上**　4 その他

6. 土地区画整理法　315

土地区画整理組合施行の土地区画整理事業において、定款に特別の定めがある場合には、換地計画において、保留地の取得を希望する宅地建物取引業者に当該保留地に係る所有権が帰属するよう定めることができる。

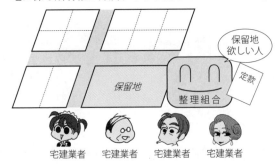

保留地欲しい人

定款

保留地

整理組合

宅建業者　宅建業者　宅建業者　宅建業者

保留地は換地処分の公告があった日の翌日に、施行者（本問では組合）**が取得する**ことになっている。そして、換地計画において、施行者以外の者に保留地の所有権が帰属するよう定めることはできない。　►×

A7
ぁく塾
486頁
マンガ
238頁

7. その他の法令

Q1 文化財保護法によれば、史跡名勝天然記念物の保存に重大な影響を及ぼす行為をしようとする者は、原則として市町村長の許可を受けなければならない。

Q2 河川法によれば、河川保全区域内において土地の形状を変更する行為（政令で定める行為を除く。）をしようとする者は、原則として河川管理者の許可を受けなければならない。

Q3 都市緑地法によれば、特別緑地保全地区内で建築物の新築、改築等の行為をしようとする者は、原則として都道府県知事等の許可を受けなければならない。

Q4 地すべり等防止法によれば、ぼた山崩壊防止区域内において、土石の採取を行おうとする者は、原則として都道府県知事の許可を受けなければならない。

A1
ぷく塾
487頁
マンガ
一頁

必要なのは文化庁長官の**許可**だ。市町村長の許可ではない。　►×

専門家に
まかせろ

A2
ぷく塾
487頁
マンガ
一頁

必要なのは河川管理者の**許可**だ。　►○

A3
ぷく塾
488頁
マンガ
一頁

特別緑地保全地区内で必要なのは知事等の**許可**だ。

►○

A4
ぷく塾
488頁
マンガ
一頁

地すべり等防止法の場合、必要なのは知事の**許可**だ。　►○

防災系は
私の許可
よ！

第4編 その他の分野

○ or ×?

住宅金融
支援機構

鑑定評価

公示価格

土地建物

税法

景品
表示法

IZUMI

1. 住宅金融支援機構

証券化支援事業（買取型）において、機構は買い取っ
た住宅ローン債権を担保として MBS（資産担保証券）
を発行することにより、債券市場（投資家）から資金
を調達している。

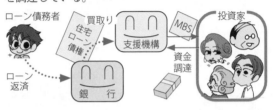

機構は、子どもを育成する家庭又は高齢者の家庭に適
した良好な居住性能及び居住環境を有する賃貸住宅の
建設に必要な資金の貸付けを業務として行っていな
い。

機構は、民間金融機関により貸付けを受けた住宅ロー
ン債務者の債務不履行により元利金を回収することが
できなかったことで生じる損害をてん補する住宅融資
保険を引き受けている。

ここでは住宅金融支援機構を「機構」といいます。

A1
らく塾
491頁
マンガ
240頁

機構は、「○○年かけて○○○○万円を弁済してもらえる権利」と表示した証券（MBS）を作り、この証券を債券市場で売り出し、資金を調達している。　►○

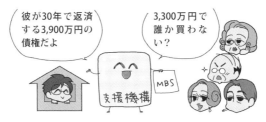

彼が30年で返済する3,900万円の債権だよ

3,300万円で誰か買わない？

A2
らく塾
494頁
マンガ
241頁

機構は、原則として、直接融資はしてくれない。しかし、例外として、「災害がらみ」や「子供と高齢者」等の場合は、直接融資をしてくれる。　►×

一般向けは任せる

ボクはこっちをやるよ

災害復興

A3
らく塾
495頁
マンガ
一頁

機構は、**住宅融資保険法による**保険を業務として行っている（民間の住宅ローンの保険を行っている）。　►○

ああいうのいるし、

お宅も保険どお？

2. 公示価格と鑑定評価

(1) 公示価格

Q1

標準地は、都市計画区域外や国土利用計画法により規定された規制区域内からは選定されない。

Q2

不動産鑑定士は、土地鑑定委員会の求めに応じて標準地の鑑定評価を行うに当たっては、近傍類地の取引価格から算定される推定の価格、近傍類地の地代等から算定される推定の価格及び同等の効用を有する土地の造成に要する推定の費用の額を勘案しなければならない。

Q3

土地の取引を行う者は、取引の対象となる土地が標準地である場合には、当該標準地について公示された価格により取引を行う義務を有する。

A1

ぶ〜く塾
497頁
マンガ
242頁

標準地は都市計画区域外からも選定されるので、本問は
×だ。なお「規制区域内からは選定されない」という点
は○だ。　　　　　　　　　　　　　　　　　　▶×

A2

ぶ〜く塾
497頁
マンガ
242頁
243頁

不動産鑑定士は、①近傍類地の取引価格、②近傍類地の
地代、③同等の効用を有する土地造成費用を勘案しなけ
ればならない。　　　　　　　　　　　　　　　▶○

A3

ぶ〜く塾
499頁
マンガ
243頁

一般の土地取引の場合は、公示価格を**指標**として取引す
るよう努めなければならない（単なる努力目標で強制力
なし）。だから、「義務を有する」とある本問は×だ。▶×

標準地の正常な価格は、当該土地に地上権が存する場合には、この権利が存するものとして、判定される。

 土地鑑定委員会は、都市計画区域その他の土地取引が相当程度見込まれるものとして国土交通省令で定める区域内の標準地について、毎年1回、一定の基準日における当該標準地の単位面積当たりの正常な価格を判定し、公示する。

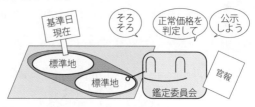

 土地鑑定委員会は、標準地の価格を公示したときは、すみやかに都道府県知事に対し、公示した事項のうち当該都道府県に存する標準地に係る部分を記載した書面及び図面を、送付しなければならない。

A4
らく塾
498頁
マンガ
242頁

逆だ。建物や地上権等が存在する場合には、これらが存在しないものと仮定して（純然たる更地として）正常な価格を算定する。　　　　　　　　　　　　　　►×

何にもないって仮定するのね

A5
らく塾
497頁
498頁
マンガ
243頁

標準地について、単位面積当たりの正常な価格を判定することも、その判定した正常な価格を官報に公示することも、土地鑑定委員会の仕事だ。　　　　　　　　　►○

1月1日の鑑定評価

持ってきました

今年もそんな時期か

公示しなきゃ

A6
らく塾
498頁
マンガ
242頁

書面および図面の送付先は、知事ではなく、**関係市町村長**だ。　　　　　　　　　　　　　　　　　　　►×

あっち

1 権利
2 業法
3 法令上
4 その他

2. 公示価格と鑑定評価　*327*

（2）不動産の鑑定評価の方法

 Q7 再調達原価とは、対象不動産を価格時点において再調達することを想定した場合において必要とされる適正な原価の総額をいう。

同じようなビルに作り直したら

いくらかかるかな？

 Q8 取引事例比較法の適用に当たって必要な取引事例は、取引事例比較法に即応し、適切にして合理的な計画に基づき、豊富に秩序正しく収集し、選択すべきであり、投機的取引であると認められる事例等適正さを欠くものであってはならない。

 Q9 収益還元法は、賃貸用不動産又は賃貸以外の事業の用に供する不動産の価格を求める場合に特に有効な手法であるが、事業の用に供さない自用の不動産の鑑定評価には適用すべきではない。

収益ないもんな……

自宅

A7
ぷく塾
500頁
マンガ
244頁
245頁

再調達原価とは、対象不動産を価格時点において再調達することを想定（＝同じような不動産を新たに作るとしたらいくらかかるかを算定）した場合において必要とされる原価の総額のことだ。　　　　　　　▶○

A8
ぷく塾
500頁
マンガ
244頁
245頁

投機的にされた取引と比較してもキチンとした価格は出せない。だから、取引事例が投機的取引であると認められる事例等**適正さを欠くもの**であってはならない。　▶○

A8
ぷく塾
500頁
マンガ
245頁

収益還元法は、賃貸用不動産または賃貸以外の事業用不動産の価格を求める場合に特に有効な手法であるが、自用の不動産（自分の住宅等）であっても、賃料を想定することによって、適用できる。　　　　　　　▶×

市街化調整区域内に所在する土地の販売広告において
は、「市街化調整区域」と表示し、このほかに「現在
は建築不可」と表示さえすれば、市街化区域への区分
の変更が行われる予定がないとしても、不当表示とな
るおそれはない。

いかがで
すか？

格安大売り出し！

市街化調整区域内
現在は建築不可

腹黒不動産

いいん
じゃな
いか

 新築分譲マンションを販売するに当たり、住戸により
修繕積立金の額が異なる場合であって、すべての住戸
の修繕積立金を示すことが広告スペースの関係で困難
なときは、全住戸の修繕積立金の平均額を表示すれば
よい。

いかがで
すか？

格安大売り出し！

新築マンション
修繕積立金平均〇〇円

腹黒不動産

積立金
安い！

平均で
〇〇円だもんな

 宅地建物取引業者が、徒歩による所要時間について、
信号待ち時間、歩道橋の昇降時間を考慮しないで、道
路距離80mにつき1分間を要するものとして算出し、新
聞折込ビラに表示しても、不当表示となるおそれはない。

いかがで
すか？

格安大売り出し！

駅近物件
駅徒歩3分！

腹黒不動産

近いわね

いいん
じゃなか

A1
ゑく塾
503頁
マンガ
246頁

市街化調整区域内の土地の広告では、建築ができない旨を表示しないと×。ところが、「現在は」と表示すると、近い将来市街化区域化されて建築が可能になるとの**誤解**を招き、お客さんを**まどわせる**から、ズバリ不当表示だ。　►×

A2
ゑく塾
504頁
マンガ
一頁

住戸により修繕積立金の額が異なる場合において、すべての住戸の修繕積立金を示すことが困難であるときは、最低額及び最高額のみで表示することができる。平均額の表示ではダメだ。　►×

A3
ゑく塾
503頁
マンガ
247頁

駅から徒歩何分という表示では、道路距離80m を 1 分として表示しなければならない。ただし、信号の待ち時間や歩道橋の昇降時間は、無視していい。　►○

近くに新駅の設置が予定されている分譲住宅の販売広告を行うに当たり、当該鉄道事業者が新駅設置及びその予定時期を公表している場合、広告の中に新駅設置の予定時期を明示して表示してもよい。

 売約済みの物件の広告を行い、顧客に対しては別の物件を勧めたとしても、売約済みの物件が実際に存在するのであれば、不当表示となることはない。

 内閣総理大臣（消費者庁長官に権限委任）は、宅地建物取引業者の行為が不当景品類及び不当表示防止法の規定に違反すると認めるときは、当該業者に対し、その行為の差止め等の必要な事項を命ずることができるが、その命令は、当該違反行為が既になくなっている場合においても、することができる。

A4
ゐく塾
504頁
マンガ
247頁

売却する物件の近くに新駅ができる予定の広告は、鉄道会社の**公表**したものに限り、**新設予定時期を明示**して表示できる。　　　　　　　　　　　　　　　　　▶○

A5
ゐく塾
504頁
マンガ
247頁

売約済みの物件の広告は、取引の対象となり得ない物件の広告だから、おとり広告だ。典型的な不当表示だ。
　　　　　　　　　　　　　　　　　　　　　　　▶×

A6
ゐく塾
504頁
マンガ
一頁

違反行為が既になくなった後でも、**再発防止**のために措置命令を出せる。　　　　　　　　　　　　　　▶○

4. 土地・建物

（1）土 地

Q1

扇状地とは、山地から河川により運ばれてきた砂礫等が堆積し、平坦地になった地盤である。

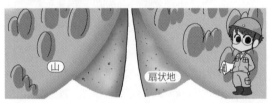

山　　扇状地

Q2

自然堤防は、主に砂や小礫からなり、排水性がよく地盤の支持力もあるため、宅地として良好な土地であることが多い。

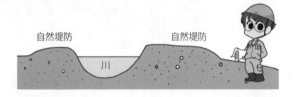

自然堤防　　自然堤防

川

Q3

埋立地は、一般に海面に対して数メートルの比高を持ち、干拓地に比べ、自然災害に対して危険度が高い。

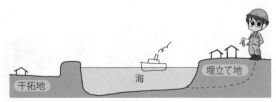

干拓地　　海　　埋立て地

A1

らく塾
506頁
マンガ
248頁

扇状地とは、谷の出口等に扇状にひろがった微高地のことだ。　►○

A2
らく塾
506頁
マンガ
248頁

自然堤防は、河川の両側に自然にできた微高地のことであり、砂礫質で地震や洪水に強いから、宅地に**向く**。

►○

A3
らく塾
507頁
マンガ
248頁
249頁

埋立地は、一般に海面に対して**比高**を持っている（水面より高いということ）。だから、埋立地は、水面より低い干拓地よりまし。したがって、埋立地の方が自然災害に対して安全だ（干拓地の方が自然災害に対して危険度が高い）。　►×

埋立地

向こうが安全……

干拓地

（2）建　物

木造建築物に用いる木材は、気乾状態に比べて湿潤状態の方が強度が大きくなるが、湿潤状態では、しろあり等の虫害や腐朽菌の害を受けやすい。

コンクリートの引張強度は、圧縮強度より大きい。

建築物に異なる構造方法による基礎を併用した場合は、構造計算によって構造耐力上安全であることを確かめなければならない。

いいの？

計算上はOK！

ベタ基礎　布基礎

A4
らく塾
一頁
マンガ
一頁

木材の強度は乾燥している方が大きくなるので×だ。なお、「湿潤状態では、しろあり等の虫害や腐朽菌の害を受けやすい」という点は○だ ▶×

A5
らく塾
一頁
マンガ
一頁

コンクリートは、**引っ張り**に弱いが、圧縮には強い。「引張強度＜圧縮強度」だ。 ▶×

A6
らく塾
一頁
マンガ
一頁

原則として、建築物に異なる構造方法による基礎を併用してはならない。しかし、例外として、構造計算によって**構造耐力上**安全であることを確かめられた場合は、併用してOKということになっている。 ▶○

構造耐力とも安全よね

ベタ基礎 布基礎

5. 税 法

(1) 不動産取得税 （都道府県税）

Q1 商業ビルの敷地を取得した場合の不動産取得税の標準税率は、3/100である。

買ったのに税金払うの？

∩ ∩ 課税標準 3％？

商業ビル敷地

Q2 新築住宅に対する1,200万円の特別控除の対象となる住宅の床面積要件の上限は、200㎡である。

200㎡までだったかな？

オーバーしちゃった

新築
240㎡

控除だめか！

え～

Q3 中古住宅とその敷地を取得した場合、当該敷地の取得に係る不動産取得税の税額から1/2に相当する額が減額される。

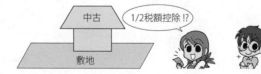

中古

1/2税額控除⁉

敷地

不動産取得税
ですよ

●%で…
900万円!?

えっ
ごぞんじ
ないの?

A1
ゐく塾
510頁
マンガ
250頁

不動産取得税の税率は、**土地と住宅**については3%。住宅以外の家屋については4%だ。　►○

住宅3%

高い!

住宅以外
4%

雑居ビル

土地3%

A2
ゐく塾
511頁
マンガ
251頁

200㎡ではなく、240㎡だ。　►×

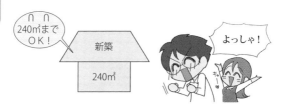

240㎡まで
OK!

新築

240㎡

よっしゃ!

A3
ゐく塾
511頁
マンガ
251頁

宅地（住宅用地）を取得した場合には課税標準が1/2になる。税額が1/2になるのではない。　►×

課税標準
1/2

中古

敷地

敷地の課税標準が
半分になるんだよ

うん
税額じゃ
ないのね

(2) 固定資産税（市町村税）

 家屋に係る固定資産税は、建物登記簿に登記されている所有者に対して課税されるので、家屋を建築したとしても、登記をするまでの間は課税されない。

 固定資産税を既に全納した者が、年度の途中において土地の譲渡を行った場合には、その譲渡後の月数に応じて税額の還付を受けることができる。

 200㎡以下の住宅用地に対して課する固定資産税の課税標準は、価格の1/2の額とする特例措置が講じられている。

A4
ふく塾
514頁
マンガ
252頁

未登記の家屋についても、市町村長が固定資産課税台帳に登録する。だから、固定資産課税台帳に所有者として登録されている者は、未登記の間も課税を免れることはできない。　　　　　　　　　　　　　　　　　　　　▶×

A5
ふく塾
514頁
マンガ
252頁

固定資産税の納税義務者は、毎年1月1日（賦課期日）現在に、固定資産課税台帳に所有者として登録されている者だ。この所有者として登録されている者が、1年分全額支払うことになる。年度の途中で譲渡を行った場合（例えば、売却した場合）でも、税額の還付を受けることはできない。　　　　　　　　　　　　　　　　　▶×

A6
ふく塾
515頁
マンガ
252頁

200㎡以下の小規模住宅用地の課税標準は、価格の1/2ではなく、1/6になる。　　　　　　　　　　　　　　　▶×

Q7 固定資産税の税率は、1.7％を超えることができない。

（3）所得税（国税）

 Q8 令和6年1月1日における所有期間が10年以下の居住用財産の譲渡については、居住用財産を譲渡した場合の3,000万円特別控除を控除した後の金額に、20％の税率により、所得税が課税される。

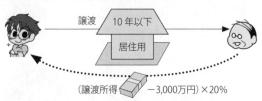

 Q9 居住用財産の譲渡所得の3,000万円特別控除は、その個人がその個人と生計を一にしていない孫に譲渡した場合には、適用を受けることができる。

A7
らく塾
515頁
マンガ
252頁

固定資産税の標準税率は、1.4%だ。しかし、市町村は、標準税率を超える税率を定めることができるから、税率が1.7%を超えること
もできる。ちなみに、標準税率より低い税率を定めることもできる。　　　　▶×

1 権　利
2 業　法
3 法令上
4 その他

A8
らく塾
517頁
マンガ
一頁

20%ではない。所有期間が10年以下であっても、5年を超えていれば**長期譲渡所得**となるから、税率は15%となる。ちなみに、所有期間が5年以下であれば税率は30%となる。　　　　▶×

A9
らく塾
518頁
マンガ
一頁

居住用財産を配偶者、直系血族（自分の実の祖父母、父母、子、孫等）、生計を一にしている親族、同族会社等に譲渡した場合は居住用財産を譲渡した場合の譲渡所得の特別控除の適用を受けられない。　　　　▶×

Q10 特定の居住用財産の買換えの場合の長期譲渡所得の課税の特例については、譲渡資産とされる家屋は、その譲渡に係る対価の額が1億円以下であることが、適用要件とされている。

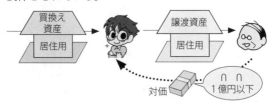

(4) 登録免許税（国税）

 Q11 建物の新築をした所有者が行う建物の表示の登記については、登録免許税は課税されない。

 Q12 住宅用家屋の所有権の移転登記に係る登録免許税の税率の軽減措置の適用対象となる住宅用家屋は、売買又は競落により取得したものに限られる。

A10
ぶく塾
520頁
マンガ
一頁

譲渡資産の価格が1億円以下なら、特定の居住用財産の買換え特例を受けることができる。　　　　　　　　►○

A11
ぶく塾
523頁
マンガ
254頁

登録免許税は、権利登記を受けるものに課される税だ。つまり、表示登記には課税されない。　　　　　　　　►○

A12
ぶく塾
525頁
マンガ
一頁

売買・競売による取得の場合は、この税率の軽減措置の適用を受けることができる。　　　　　　　　►○

Q13 住宅用家屋の所有権の移転登記に係る登録免許税の税率の軽減措置の適用を受けるためには、その住宅用家屋の取得後6カ月以内に所有権の移転登記をしなければならない。

（5）印紙税（国税）

Q14 建物の売買契約書（記載金額2,000万円）を3通作成し、売主A、買主B及び仲介業者C社が各1通を保存する場合、契約当事者以外のC社が保存するものには、印紙税は課税されない。

Q15 「建物の電気工事に係る請負代金は1,100万円（うち消費税額及び地方消費税額100万円）とする」旨を記載した工事請負契約書について、印紙税の課税標準となる当該契約書の記載金額は1,100万円である。

A13
らく塾
525頁
マンガ
一頁

税金が安くなるためには、**取得後1年以内に登記をする**ことが必要だ。6カ月以内ではない。　▶×

A14
らく塾
527頁
マンガ
一頁

建物の売買契約書は課税**文書**だ。そして、課税文書は何通作成したとしてもそれぞれに印紙税が課税される（収入印紙をはり付けて消印しなければならない）。契約当事者以外のC社が保存するものについてもだ。　▶×

A15
らく塾
528頁
マンガ
一頁

消費税額が区分記載されている場合は、消費税額は記載金額に含めない。だから、本問の記載金額は1,000万円だ（1,100万円−消費税額100万円＝1,000万円）。　▶×

「時価1億円の土地を贈与する」旨を記載した契約書は、記載金額のない不動産の譲渡に関する契約書として、印紙税が課せられる。

A16
あく塾
528頁
マンガ
一頁

贈与とは、ただで物をあげることだ。だから、贈与契約書は、記載金額のない**契約書**に当たる。だから、税額は一律200円となる。 ▶○

無料だもん
あまり
とられちゃ
たまんない

え―い！

印紙
200円

贈与契約

宅建学院

　広大無辺な**宅建士試験の全分野**を「らくらく宅建塾」・「マンガ宅建塾」・「まる覚え宅建塾」・「○×宅建塾」にまとめ上げただけでなく、問題集「過去問宅建塾（3分冊）」・「ズバ予想宅建塾」を出版。ミリオンセラーとなったこれらの本を縦横無尽に駆使して、宅建の「た」の字も知らない初心者を合格させている。さらに、宅建士受験BOOK「ズバ予想宅建塾・直前模試編」、宅建塾DVD「宅建士革命」まで出版。**2年連続で全国最年少合格者を輩出した**宅建学院の通信宅建超完璧講座は、一般教育訓練給付制度厚生労働大臣指定講座とされている。

主　著	「らくらく宅建塾」 「マンガ宅建塾」「まる覚え宅建塾」 「○×宅建塾」「過去問宅建塾」 「ズバ予想宅建塾」	最高傑作	2年連続で全国最年少合格者を生み出した **宅建超完璧講座** 一般教育訓練給付制度厚生労働大臣指定講座 指定番号　1120019-0020012-9
		DVD	「宅建士革命」

本書に関する正誤のお問合せは、お手数ですが文書（郵便、FAX）にて、弊社までご送付ください。
また電話でのお問合せ及び本書の記載の範囲を超えるご質問にはお答えしかねます。
なお、追録（法令改正）、正誤表などの情報に関しましては、弊社ホームページをご覧ください。
https://www.takkengakuin.com/

［2024年版］○×宅建塾

2018年 8 月 5 日	初版発行
2018年12月13日	改定第 2 版発行
2020年 9 月10日	改定第 3 版発行
2021年 1 月24日	改定第 4 版発行
2022年 7 月22日	改定第 5 版発行
2023年 3 月19日	改定第 6 版発行
2024年 3 月19日	改定第 7 版発行

©2024

著　者　宅　建　学　院
発行人　小　林　信　行
印刷所　株式会社太洋社
発行所　**宅　建　学　院**
〒359－1111　埼玉県所沢市緑町2-7-11　アーガスヒルズ50　5 F
☎ 04-2939-0335　FAX04-2924-5940
https://www.takkengakuin.com/

乱丁・落丁はお取り替えいたします。

ISBN978-4-909084-79-8

宅建学院 通信講座のご案内

宅建士試験の一発合格を目指すなら、通信講座がおすすめ

宅建士試験は法律に関する知識をはじめ、覚えることが非常に多い。宅建学院の通信講座では豊富な事例を用いて、わかりやすく、丁寧に解説をしています。宅建は知識だけでなく、どの問題を確実に取らなければいけないかなどのテクニックも必要。経験豊富なベテラン講師が知識とテクニックを惜しげなく伝えています。

合格率は全国平均の ※1

3.2倍 ※2

（57%）

2年連続

全国最年少合格者を輩出！

難しい言葉を極力使わない、わかりやすい講座の証です。

※1 不動産適正取引機構発表の「令和3年度宅地建物取引士資格試験結果の概要」より抽出。
※2 令和3年度「宅建超完璧講座」受講生のうち、講座修了者に対するアンケート結果より算出。

通信講座の特徴

らくらく宅建塾を使った講義

わかりやすさで好評のテキストを使用します。

ベテラン講師の人気授業

ベテラン講師がわかりやすさにこだわって丁寧に解説。知識とテクニックの両軸で合格をサポートします。

Web・DVD から受講スタイルが選べる

Web ならどこでも、いつでも。DVD なら TV などでじっくりと勉強。全てのコースで選べます。

質問回答サービスで気軽に質問できる

電話なら週3日（対応日）、Web なら毎日24時間いつでも気軽に質問ができるので、わからなくなっても安心です。

■ 学習の流れ

視聴
復習　問題

基本講義、総まとめ講義といった講義形式の講座では、まず講義動画を視聴してから、演習問題を解いていきます。基本講義については、事前の予習も必要ありません。しっかりと講義を視聴して、問題を解き、理解できるまで復習を行い、1単位ずつ学習していきます。

■ コースの紹介

宅建🈲完璧講座
- 厚生労働大臣指定講座 -

24年1月17日より開講中
115,500円(税込)
■質問回答サービス
■模擬試験採点・添削対応
■Web 受講 /DVD 受講
■一般教育訓練制度適用可

基本学習から模擬試験まで、トータルでサポートを受けたい方におすすめ。

基本講義、分野別模擬試験、総まとめ講義、公開模擬試験 をセットにしたコース。宅建士試験に関する知識のインプットからアウトプットまで網羅した一番人気の講座です。受講開始時期に合わせて、一人ひとりに適切な学習スケジュールを設定。模擬試験な採点と添削も行いますので、効率よく学習できます。

宅建完璧講座

24年1月17日より開講中
88,000円(税込)
■質問回答サービス
■Web 受講/DVD 受講

全範囲の基本学習をしたい方におすすめ。

基本講義、分野別模擬試験をセットにしたコース。宅建士試験に必要な範囲を基礎からしっかり学習できます。基本講義と並行して、分野別模擬試験を受験するので、知識の定着レベルがその都度チェックできます。

宅建総まとめ講座

24 年 6 月開講予定
29,700円(税込)
■質問回答サービス
■Web 受講/DVD 受講

一通り学習経験のある方におすすめ。

宅建士試験の全範囲から重要ポイントを中心に総復習するコースです。既に学習した内容の確認や、苦手分野の克服などに役立ちます。

宅建公開模試

24 年 7 月開講予定
25,300円(税込)
■Web 受講/DVD 受講

本番前の力試しをしたい方におすすめ。

本試験と同様、50 問の模擬試験を6回受験するコースです。充実の6回分で、模試→復習→次の模試と繰り返して着実にステップアップができます。

※コース名やコースの内容は変更になる場合がございます。各コースとも開講より順次教材をお届けいたします。
　各単位のお届けスケジュールは教材とともに随時お知らせいたします。

■ 通信講座の詳細　　宅建学院では1回の講義、模擬試験を1単位と呼んでいます。

■ 基本講義（20単位）

収録コース ★宅建超完璧講座★　宅建完璧講座

収録内容
権利関係前半（5単位）、権利関係後半（5単位）、宅建業法（5単位）、法令上の制限・税法・その他（5単位）

1単位ずつ講義を視聴し、問題演習を行います。1単位は約1時間半〜2時間半程度で構成されています。講義は細かくチャプターで区切られているので学習しやすく、復習の際にも大変便利です。

■ 分野別模試（4単位）

収録コース ★宅建超完璧講座★　宅建完璧講座

収録内容
各分野に対応する模擬試験4回（1.権利関係前半、2.権利関係後半、3.宅建業法、4.法令上の制限・税法・その他）

基本講義を受講後に、知識の定着具合を確認するために受験する分野別の模擬試験です。丁寧な解説冊子に加え、重要問題の解説講義もあるため、知識だけでなく問題の解き方まで身に着きます。

■ 総まとめ講義（7単位）

収録コース ★宅建超完璧講座★　宅建総まとめ講座

収録内容
権利関係（3単位）、宅建業法（2単位）、法令上の制限・税法・その他（2単位）

1単位ずつ講義を視聴し、問題演習を行います。1単位は約2時間〜4時間半で構成されています。講義は細かくチャプターで区切られているので学習しやすく、復習の際にも大変便利です。

■ 公開模試（6単位）

収録コース ★宅建超完璧講座★　宅建公開模試

収録内容
模擬試験6回

宅建学院独自の予想問題で構成された模擬試験です。ご自宅で受験でき、場所や時間を問わず実力を試せます。丁寧な解説冊子に加え、重要問題の解説講義もあるため、知識だけでなく問題の解き方まで身に着きます。

■ 質問回答サービスについて

質問回答サービスは受講生専用の質問サービスです。
電話、インターネット、FAX と様々な方法で質問いただけます。
わからないところや学習の仕方など何でも質問できるので、
通信講座であっても受け身にならず安心して受講できます。

電話質問

事前予約制で、専属講師に直接質問できます。
希望の日時をご予約いただくと、当日講師よりお電話いたします。
※サービス提供予定日時　毎週月・水・金　20 時〜21 時
※夏季休暇、祝日を除く

オンライン質問

質問専用サイトから、24 時間いつでもご質問文を送信いただけます。回答は専属講師が行い、期間内で最大 20 回（20 問）のご質問が可能です。

FAX 質問

宅建学院講師室へ 24 時間いつでも FAX でご質問いただけます。ご指定の番号へ専属講師が FAX で回答いたします。

※質問専用ホットラインは 2024 年 10 月末までサービス提供予定です。

一般教育訓練給付制度を利用すると、受講料の 20% が支給されます。

　宅建超完璧講座は厚生労働大臣指定の一般教育訓練給付金制度の指定講座です。
　一定の条件を満たした方であれば、ご利用いただけます。

教育訓練給付制度厚生労働大臣指定講座については、全単位の受講を修了して通信添削の合計得点が全配点の 6 割以上であった方に限り、ハローワークから受講料の 20%（上限 10 万円）の教育訓練給付金が支給されます。ただし、次の条件を満たすことが必要です。

■ 過去に教育訓練給付金を受給したことがない方は、
　1 年を超えるブランクなく通算 1 年以上雇用保険の一般被保険者であること　（離職後 1 年以内までは大丈夫です）。

■ 過去に教育訓練給付金を受給したことがある方は、
　その受給対象講座の受講開始日以降に 1 年を超えるブランクなく通算 3 年以上雇用保険の一般被保険者であること（離職後 1 年以内までは大丈夫です）。

● ハローワークから貴方に教育訓練給付金が支給されるのは受講修了後のことです。受講申込時にはまずご自身の負担で受講料全額をお支払い頂きます。

● 貴方に受給資格があるかどうかは、お近くのハローワークにお問い合わせ下さい。受給資格がないのにあると誤解して受講されても、受講料を返金することはできません。

● 教育訓練給付金の支給申請は、受講修了後 1 カ月以内にしなければ受給できなくなります。

■ よくある質問

Q： 通信講座にするか、通学の方が良いか悩んでいます。

A： 通信講座の大きなメリットは、時間や場所に縛られず、受講できることです。宅建学院の通信講座は、スマホや PC などで視聴する Web 受講、テレビなどで視聴する DVD 受講と、学習環境に応じた受講形態も選べます。通学には「先生へ質問しやすい」といったメリットがありますが、質問回答サービスをご用意しておりますので、授業を受けているように気軽に質問が可能です。

※「宅建公開模試」コースには質問回答サービスはありません。

Q： どのコースを選んだら良いかわかりません。基準などはありますか?

A： 初学者の方や再チャレンジの方で学習に不安のある方は、基礎・復習、模試までセットになった「宅建超完璧講座」をおすすめします。逆に学習経験のある方で重要ポイントを復習したい方や、質問回答サービスを利用して疑問点を解消したい方などは、「宅建総まとめ講座」をおすすめします。

Q：どのくらいで学習カリキュラムが終わりますか？

A：「宅建超完璧講座」は、全 37 単位（37 回）の講義
と模擬試験で構成されており、標準学習期間を
8か月に設定しておりますが、受講生一人ひとり
に合わせたスケジュールを組んでいますので、
どの時期からでも開始できます。
試験日までの期間が少ない場合などご相
談いただければ、最適な講座や学習方法を
ご提案させていただきます。

Q：講座の教材以外で必要な教材はありますか？

A： テキストに「2024年版らくらく宅建塾（基本テキ
スト）」を使用しますので、既にお持ちの方はお
手元のテキストを、お持ちでない方は、お申込み
時に同時購入をお願いします。
また、「宅建超完璧講座」であれば、講座内で
数多くの問題や模試を実施しますので、別途
問題集などを購入する必要はありません。

郵送・FAXでお申込みの場合

下記教材のご購入は、前払いが原則です。

①郵便振替・銀行振込みの場合は、まず講座代金をお振込みの上、その払込票のコピーとこの申込書（コピーで可）を必ず一緒にご郵送又は FAX してください。

②クレジットをご希望の方はチェック欄にチェックをし、本申込書をお送りください。

③お申込先　〒359-1111　埼玉県所沢市緑町 2-7-11 アーガスヒルズ 50 5F　宅建学院
　　　　　　TEL. 04-2921-2020　FAX. 04-2924-5940

2024 宅建学院の通信講座申込書

ご注文商品名	税込定価	Web受講	DVD受講
宅建超完璧講座　一般教育訓練給付制度指定講座	115,500円		
宅建完璧講座	88,000円		
宅建総まとめ講座	29,700円		
宅建公開模試	25,300円		
テキストらくらく宅建塾(基本テキスト)　書籍のみの単独販売はしておりません。	3,300円		

※ 合計金額 をご記入下さい。（送料無料）	十万	万	千	百	十	円

ご注意　教育訓練給付金の支給は受講修了後となります、受給資格がある方も申込時に受講料全額をお支払い下さい。

お支払い方法	●□に✔をご記入下さい。●商品の発送は入金確認後になります。	□郵便振替	00120-8-662860　宅建学院	払込票のコピーと、この申込書を必ずご郵送又は FAX して下さい。
		□銀行振込	三井住友銀行小手指支店 普通　6438161　宅建学院	
		□クレジット	●宅建学院（04-2921-2020）までご連絡下さい。	

※ お名前　フリガナ	生年月日　西暦　　年　　月　　日	教育訓練給付　希望する □　希望しない □
※ ご住所（〒　　　　　）		
※ お電話　（　　　　）		
メールアドレス		
※ ご送金日　20　　年　　　月　　　日		

〈個人情報保護について〉利用目的 ― 本申込書による個人情報は、次の目的に使用いたします。 ①お申込み品の発送　②商品開発上の参考③当社商品のご案内の発送　第三者への提供 ― 皆様からお寄せ頂きました情報は、当社以外の第三者への提供はいたしません。個人情報の取扱いの委託 ― 当社は、信頼するに足ると判断した外部業者に、商品発送等の業務の一部を委託することがあります。個人情報の提供の任意性 ― 本申込書のご記入は、みなさまの任意です。但し、※印の必須項目について記入されないと、商品等の送付ができない場合がございます。問い合せ ― 本申込書による個人情報については、宅建学院へお問い合せください。

〈掲載講座について〉講座内容は、法改正の反映等のため、予告なく変更することがございます。また、事情により予告なく販売停止・廃止する場合がございますので、予めご了承ください。

研 企業研修 宅建企業研修

新入社員や従業員の方々　　講義

宅建企業研修

企業様の新入社員や従業員の方々専属で研修を行います。オリジナルプランをきめ細かく相談できるので安心です。

Point 1　合格率が高い！

授業参加に責任感

会社として参加しているので、新入社員や従業員の方々は授業参加により責任感を持ちます。これによって独学で学習するよりも全体として高い合格率が望めます。

グループならではの一体感

受講生となるのは皆同じグループに属する方々ですので、授業空間に一体感が生まれます。また、競争精神も高まるので、独学にはできない学習環境が実現します。

Point 2　一社ごとにプランを作成

柔軟なスケジュール調整

休業日や就業時間等を考慮して、講義の回数や時間をオリジナルに設定します。

予算を抑えても内容は充実

予算内で講義を行い、自宅演習でカバーするようにプランを作成することで、必要な学習量を変えずに予算内で研修を行うこができます。

例えばこんなプランも！

内定の決まった新入社員を対象に研修をしたい！

➡ 例えば7月頃に新入社員の方々の内定が出る場合などで、そこから10月の本試験までの3カ月で一気に合格に必要な内容を叩き込みます。時間を確保しやすいメリットを生かして短期勝負で合格させます。

既存の従業員の就業時間を確保しつつ研修したい！

➡ すでにお勤めされている従業員の方々の場合は、多くの時間を一斉に確保するのは難しいです。そこで、就業時間後や休業日などに授業時間を設定するなどスケジュールを工夫して合格を目指します。

研修スタートまでの流れ

お問合せ	ヒアリング	プランご提案	研修スタート
お電話にてお気軽にお問合せ下さい。	予算や実施時期等をお伺いいたします。	ご納得いただけるまで何度でも最適なプランをご提案いたします。	スケジュールに沿って研修をスタートします。

企業のご担当者様、お気軽にお電話にてご相談ください。

お問合せは
TEL.04-2921-2020

MEMO